기초부터 고급까지

케이크데코아트 & 공예테크닉

코리아 푸드 아트 협회

기초부터 고급까지

케이크데코아트 & 공예테크닉

첫째판 1쇄 인쇄 | 2016년 5월 25일
첫째판 1쇄 발행 | 2016년 6월 1일
첫째판 2쇄 발행 | 2020년 3월 2일

지 은 이 코리아 푸트 아트 협회
발 행 인 장주연
출 판 기 획 한수인
편집디자인 김영선
표지디자인 이상희
발 행 처 군자출판사(주)
등록 제 4-139호(1991. 6. 24)
(10881) **파주출판단지** 경기도 파주시 회동길 338(서패동 474-1)
전화 (031) 943-1888 팩스 (031) 955-9545
www.koonja.co.kr

ISBN 979-11-5955-041-6
정가 28,000원

저자소개

고문 함상훈 _ 함스 브로트 . 대한민국 제과명장

김한식 _ 혜전대학교 제과제빵과. 제과기능장

이사 염경훈 _ 마이스터 제과제빵학원. 제과기능장

정종성 _ 외래교수. 제과기능장. 우수 숙련기술인

박미경 _ 고양시 여성회관 제과기능장

이동철 _ 고려 직업전문학교. 제과기능장

오명석 _ 강동 대학교 호텔조리제빵과. 제과기능장

이윤희 _ 수원 과학대학교 호텔조리제빵계열. 제과기능장

박보석 _ 강동 대학교 호텔조리제빵과. 이학박사. 조리기능장

김선희 _ 혜전 대학교. 조리기능장.

이재호 _ 강서 제과제빵학원. 제과기능장

이승선 _ 블랑제리. 제과기능장

송명자 _ 파주시 교육문화회관. 제과기능장

김근보 _ 뚜르몽드. 제과기능장

김승화 _ 파니클레. 제과기능장

김영은 _ 인천 광역시 평생학습관. 제과기능장

조정옥 _ 혜전 대학교 관광학박사. 조리기능장

김정익 _ (주) 신라명과. 제과기능장

장양순 _ 서원대학교. 제과기능장

허현희 _ 미오 쏘르테. 제과기능장

정지현 _ 라베이크. 수원과학대학교. 제과기능장

권민석 _ C n B. 수원과학대학교

이재동 _ 정화예술대학교. 제과기능장

머리말

제과·제빵 문화가 우리나라에 들어온 지 100여 년 만에 눈부신 발전과 성장을 하였습니다. 우리나라도 간편하게 이용할 수 있는 식품과 외식문화가 빠르게 형성되고 있으며, 이에 제과·제빵의 이론과 기능을 습득하고자 하는 사람들이 늘어나고 있는 추세에 있습니다.

이런 변화에 맞춰 본 교재는 제과·제빵에 입문을 하여 미래의 베이커리 산업을 이끌어 갈 학생들이 좀 더 쉽고 친숙하게 케이크, 마지팬, 디저트, 떡, 공예라는 학문을 접할 수 있도록 기초부터 고급까지 케이크데코아트 & 공예테크닉을 기존 교재와는 다른 시각으로 세부적으로 집필하였습니다. 저자는 오랜 시간 동안 제과·제빵산업에 몸 담고 있으면서, 풍부한 현장의 경험과 학원, 대학교의 강의 경험을 바탕으로 본 서가 실기를 준비하는 학생들에게 합격의 지침서가 될 수 있도록 하였습니다.

본 교재는 제품 제조 실기 부분에서는 다양한 사진 자료와 함께 제품의 제조공정을 설명함으로써 학생들의 이해를 돕고자 노력하였으며, 앞으로 제과·제빵산업에 종사하게 될 많은 분들이 이 교재를 통하여 기초가 되고 기술 습득에 도움이 되어서 먼 훗날 제과·제빵의 귀중한 기술인이 되시기를 바라며, 제과·제빵을 배우는 모든 분들께 소중한 책이 되기를 바랍니다.

이 책이 출판되기까지 물신양면으로 도움을 주신 (주)군자출판사 장주연 대표님과 임직원 여러분들께 진심으로 감사드립니다.

편저자 일동

기초부터 고급까지

케이크데코아트 & 공예테크닉

케이크편

케이크

버터크림 만들기 25
플라워 케이크 71
생크림 케이크 91
디저트 129
떡 205

1. 버터케이크

1) 케이크의 유래

18세기는 영국에서 산업혁명이 일어나서 증기기관을 갖춘 공장에서 여러 가지 케이크를 많이 만들어 낼 수 있었으며, 생과자는 프랑스를 중심으로 만들어졌으며, 19세기가 되면서 유럽 전체에 사탕무가 보급되어 케이크가 대중화되었으며, 20세기에 들어 다양화, 국제화가 되고 있다. 케이크는 생일, 축하, 결혼 등 서양에서 전래되어 우리 문화에 들어온 것으로서 경사에서 빠질 수 없는 필수 음식이 된 케이크는 대중음식의 하나이다. 생일 케이크는 중세 독일 농민들 사이에서 "킨테 페스테"라고 하는 어린이의 생일 축하 행사가 기원이 되었다. "킨테 페스테는 생일을 반은 아침에 눈을 뜨면 촛불로 장식된 케이크를 아이 앞에 놓으면서 시작이 되며, 이 촛불은 저녁 식사 때 온 가족이 케이크를 먹을 때까지 계속 켜놓았다. 특히 촛불은 아이 나이보다 하나 더 많게 하여 밝혀 놓았는데 하나 더 많게 밝힌 촛불은 "생명의 등불을 의미"하는 것이다.

2) 크림

우유에서 분리한 지방분을 말한다. 착유한 우유를 그대로 놓아두면 비중이 가벼운 지방분이 점차 위로 뜨게 된다. 이것이 크림 층인데, 맛이 좋으므로 목축 사회에서는 옛날부터 귀중하게 취급해 왔다. 식품위생법에서는 유지방 분이 18% 이상이며, 유성분 외의 성분을 함유하지 않는 것을 크림이라고 정의하고 있으나, 일반적으로는 18~50% 정도의 것을 많이 이용한다.

3) 크림의 제조 공정

(1) 크림의 분리

ㄱ. 우유를 오랫동안 정치하여 비중이 가벼운 유지방구가 자연히 부상하여 형성된 크림 층을 분리하는 방법

ㄴ. 원심 분리법: 원심력에 의하여 유지방과 무지고형분의 중력 차를 기계적으로 확대시켜 분리 속도를 빠르게 하는 방법 보통 원추 판형 분리기를 사용하고 있으며 이것은 우유에 원심력을 가하고 지방구와 무지 고형 분과의 중력 차를 수천 배로 증가시키면서 연속적으로 크림을 분리하는 방식이다. 원추 판형 크림분리기의 분리 능력은 디스크의 크기, 볼의 회전속도, 우유의 유입량 및 우유의 온도 등에 따라 다르게 되며, 다음 조건에 의하여 결정된다.

① 우유의 유입량을 증가시키면 크림의 지방함량은 낮아지므로 지방함량이 20~30%인 크림을 생산하려면 크림으로 분리되어 나오는 양을 우유 유입량의 약 10%가 되도록 조정한다.

② 우유의 온도가 낮을수록 크림의 점도가 높아 분리 능력이 떨어지므로 크림의 양은 적고 탈지유의 지방함량은 높게 된다.

③ 우유 중의 유지방구가 클수록 쉽게 분리되고, 2 마이크로미터 이하의 지방 구는 분리하기 어렵다.

4) 크림의 살균

크림의 살균 또는 멸균공정은 저온 장시간 살균법(63~65℃에서 30분간), 고온 단시간 살균법(72~75℃에서 15초~20초간), 초고온 살균법(130~150℃에서 0.5~5초간)과는 이와 동등 이상의 효력을 가지는 방법으로 실시하여야 한다. 또한 살균제품은 미생물의 이차오염이 되지 않도록 자동 포장공정으로 충전하여야 하며, 멸균 제품은 멸균한 용기 또는 포장지에 무균 공정으로 충전 · 포장하여야 한다.

5) 버터

버터는 우유에서 분리한 크림의 지방을 뒤섞는 조작(교반, Churning)에 의하여 덩어리 상태로 집합시켜 만든 것이다. 버터는 유지방이 주성분이고 나머지는 거의가 수분이다. 칼로리가 높고 비타민A를 많이 함유하고 있다. 단백질, 유당, 회분 등은 극히 소량 함유되어 있으며 비타민A, B2, C 등은 전혀 들어있지 않거나 흔적 정도로만 들어있다. 풍미도 좋고 조리 재료로서도 우수하며 소화율(99.8%)도 좋아 지방의 소화 속도가 모든 식용유지 중에서 가장 빠른 것이 버터의 장점이다. 버터를 보면 색이 짙은 것과 약간 연한 것이 있다. 이것은 여름에 만든 버터와 겨울에 만든 버터의 차이 때문인데 여름은 젖소의 사료 중에 비타민A나 카로틴이 많고 겨울은 이들이 2분의 1로 감소되기 때문이다. 버터의 천연색은 여름에 카로틴이 많은 사료를 먹은 젖소에서 짜낸 우유로 만든 것이 진하고 겨울에 만든 버는 연하다. 이 때문에 시판되는 버터 중에는 같은 색깔이 되도록 식물성 색소로 인공 착색 한 것이 있다. 제조일자를 보면 천연색인지 아닌지를 쉽게 알 수 있다.

(1) 버터의 역사

버터의 기원은 BC 3000년경의 바빌로니아로 추정하는 설과, 인도의 신화에 우유를 교반(攪拌) 하여 만들었다고 하는 것에서 고대 인도로 추정하는 설이 있다. 고대는 화장 용이나 연고로 사용한 것 같고, 이에 대한 기록이 많다. 그리스 · 로마는 올리브기름을 식용으로 하였고, 지형적으로도 양 · 염소 등의 사육에 적합하였으므로 그들의 젖에서 치즈를 만들었으며, 소는 사역 용이기 때문에 버터는 사용하지 않았다. 따라서 유럽에서는 소의 목축이 앞섰던 알프스 북쪽에서 버터의 이용이 보급되었고 이러한 식습관의 차이는 오늘날까지 존재한다. 원시적인 가죽 주머니로 우유를 흔들거나 치거나 하는 방법은 현재도 히말라야나 아프리카의 일부 지방에서 볼 수 있다. 버터는 중세기까지도 귀중품이었고 근세에 이르러 북유럽에서 대량생산이 가능하게 되었다. 1848년 통 모양인 천(churn: 교통기)의 발명, 1878년 크림 분리기의 출현에 의해 급속히 공업화가 이루어졌다.

(2) 버터의 종류

버터를 제조법에 따라 분류하면 발효 크림 버터와 스위트 크림 버터의 두 가지로 나눌 수 있다. 발효 크림 버터는 유산균으로 발효시켜 제조한 것으로 산뜻한 향기와 산미가 있다. 스위트 크림 버터(보통 버터)는 발효시키지 않은 크림을 원료로 제조한 것으로 이것은 발효 크림 버터와 비교하면 향기가 적고 풍미도 약간 떨어집니다. 버터는 소금의 첨가 여부로 가정용 버터와 무염버터로 나누어진다. 제조 시에 식염을 1~2% 첨가하는 가염 버터와 첨가하지 않는 무염 버터가 있고, 원료 크림에 젖산균을 접종하여 발효시킨 발효버터와 발효를 시키지 않는 감성 버터(생 버터)가 있다.

가염 버터는 가정용으로서 사용되고, 무염 버터는 제과나 아이스크림 및 환원우유 등의 제조 원료로 이용되고 있다. 최근에는 제품에 향신료나 견과류 등을 첨가하여 만든 것이 있고, 지방함량을 낮게 하여 조성분의 함량을 변화시켜 만든 버터도 있다.

(3) 버터의 제조공정

원료유 → 분리 → 크림 → 중화 → 살균, 냉각 → 숙성 → 교동 → 버터입자 → 수세 → 가염 → 연압 → 충전, 포장 → 제품

가. 크림의 분리

원심력을 이용한 원심분리기로 크림을 분리하여 지방함량이 30~40%의 범위가 되도록 조절한다.

나. 크림의 처리

① 중화

신선한 크림의 산도는 0.10~0.14%이다. 크림의 산도는 0.2% 이하의 것을 사용하고, 산도가 0.2~0.3%인 경우에는 중화 제로 중화시켜 사용한다. 중화 제로는 중탄산나트륨, 탄산나트륨, 수산화나트륨, 생석회 및 소석회 등이 있는데, 크림의 중화에는 중탄산나트륨을 사용하며, 첨가 방법은 10% 중탄산나트륨 용액을 크림분리 직후 35℃ 전후의 크림에 서서히 교반하면서 균일하게 혼 화한다. 첨가량은 젖산과 중탄산나트륨의 몰비를 90:84가 되도록 젖산을 중화시키는 데 필요한 중화 제의 양을 산출한다.

② 살균 및 냉각

크림의 살균은 크림 중의 병원성 유해균의 살균 및 지방분해효소의 실활 등 버터의 보존성 향상을 목적으로 한다. 발효 시에 젖산균의 발육을 저해하는 물질을 파괴하는 목적도 갖고 있다. 살균에 의해 풍미가 개선되며, 온도처리 방법에 따라 버터의 전연성이 개량되기도 한다. 크림의 살균법에는 저온 장시간 법과 고온 단시간 법이 있는데, 크림의 발효 시에 젖산균의 성장을 저해할 수 있는 물질을 파괴하기 위하여 시유보다 높은 온도로 처리한다. 살균 후에는 다음 공정인 숙성 또는 발효공정에 맞는 온도인 4~22℃ 범위로 냉각시킨다.

③ 발효

발효는 발효버터에만 적용되는 송정으로서 생성된 젖산에 의해 크림의 점도가 낮아지고, 이로 인하여 지방 분리가 빠르게 되어 교동 작업이 쉬워진다. 또 방향성 물질이 생성되어 버터의 풍미를 좋게 한다. 방향성 물질로는 초산, 알코올, 지방산 및 디아세틸 등이 있으며, 이는 버터 특유의 풍미를 지니게 한다. 크림의 발효에는 크림량의 3~6%의 스타터를 넣고 크림의 산도가 0.3%가 될 때까지 20~22℃에서 4~6시간 발효시킨다. 크림의 지방함량은 35%를 표준으로 하여 발효 후의 크림의 산도가 0.3%가 되도록 발효시간으로 조절한다.

④ 숙성

감성 버터에서는 크림의 살균 후에, 발효버터에서는 발효 후에 크림을 비교적 낮은 온도에서 교동 하기까지 냉각 저장하는 과정을 말하며 액상 유지방이 결정화되어 교동 작업이 쉽고, 교동 시간이 일정하게 되며, 교동 후 버터밀크로의 지방 손실이 감소된다. 유지방의 지방산 조성은 계절에 따라 다르기 때문에 버터의 경도가 다르게 되므로 유지방의 결정화를 조절하여 버터의 경도와 전연성을 항시 일정하게 하는 효과가 있다. 겨울철에 생산된 우유의 지방은 낮은 온도(8℃)에서 유지방을 서서히 결정화하면 작은 결정이 형성되어 결정의 표면적이 증가하며, 여기에 비결정 지방이 많은 결합하여 연성 조직이 버터가 생산된다. 여름철에는 크림의 살균 후 20℃로 냉각하여 발효시키고 12~14℃에서 숙성하면 지방의 결정화가 촉진되며 융점이 낮은 지방까지 결정화되어 경도가 좋은 버터가 생산된다. 숙성시간은 여름철에는 7시간 겨울철에는 2시간 정도가 적당하다.

다. 교동(churning)

크림의 교동이란 크림에 기계적인 충격을 주어 일정한 속도로 크림을 운동시켜 지방구 끼리 뭉쳐서 버터 이자가 형성되고 버터밀크와 분리되도록 하는 작업을 말한다. 이때 사용되는 장치를 교동 기라 한다.

① 교동의 원리

Fisher와 Hooker의 상전환설은 크림 중의 지방구가 교동시의 교반작용에 의해 그 지방 구피 막을 손상시켜 지방구가 뭉쳐서 유지방이 물에 유화된 상태(O/W)에서 유지방에 물이 유화된 상태(W/O)로 상이 전환되어 버터 입자를 형성한다는 이론이고, Rahn이 제창한 포말 설은 교동에 의하여 기포가 생성되면 이러한 평형상태가 깨지기 때문에 지방구들의 융합이 쉽고, 기포로 변성된 지방구의 피막 단백질은 충격이 있을 때 쉽게 파괴되어 지방구가 뭉쳐서 버터 입자를 형성한다는 이론이다.

② 교동의 조건

크림 및 교동 온도의 설정이다.

ㄱ. 교동온도: 여름철에는 8~10℃, 겨울철에는 12~14℃를 표준으로 한다. 크림의 온도가 1~2℃ 정도 상승하면 교동장치 밖에서 냉수를 살포하여 냉각시킨다.

ㄴ. 크림의 지방함량: 통상 30~40%의 것이 사용되고 교동의 효율을 올리기 위하여 고지방률의 크림을 사용하는 경우가 많다.

ㄷ. 크림의 양: 크림의 용량은 1/3~1/2 정도이고 1/3 정도가 가장 적당하다.

ㄹ. 교동기의 회전수: 대형일수록 회전수를 적게 한다.

라. 버터밀크의 배제

교동 작업이 끝나면 교동기의 회전을 멈추고 버터 입자가 떠올라 버터밀크와 분리되도록 약 5분 정도 기다렸다가 교동기의 밑에서 버터밀크를 배제시킨다. 버터 입자의 크기가 클수록 입자 내에 버터밀크가 많게 되어 버터밀크의 배제가 곤란하므로 연질의 버터가 되어 보존성이 저하된다. 또 버터 입자가 적을수록 입자의 유출이 많게 되고, 수분 제거가 곤란하여 수분 과다가 되기 쉽다.

마. 수세

버터 입자를 수세함으로써 버터 입자에 부착해 있는 버터밀크를 거의 완전히 제거하여 버터의 경도를 증가시키고

수용액의 특이취를 제거하며 보존성을 높인다.

바. 가염

가염버터에만 적용되는 공정으로 버터의 풍미를 좋게 하고, 미생물의 증식을 억제하여 보존성은 향상시킨다. 여름철에는 2.0~2.5%, 겨울철에는 1~2% 정도가 적당하다. 순도가 높고(99.5% 이상), Mg이나 Ca과 같은 불순물이 적게 함유되어 있어야 한다. 가염법으로서는 건조염을 그대로 산포하는 건염법과 식염을 용해시켜 사용하는 습염법이 있다.

사. 연압

교동에 이어 중요한 공정으로서 버터 입자가 덩어리로 뭉쳐있는 것을 모아서 짓이기는 작업을 말하여, 버터에 알맞은 점조성을 부여하고, 첨가된 식염의 용해를 촉진시켜 버터 전체에 식염을 균일하게 분포시키며, 버터 입자 중에 수분을 분산시킴과 동시에 제품의 수분함량을 조선하는데 있다.

아. 포장

포장은 황산지, 파라핀피복지, 비닐 및 은박지 등으로 내 포장하고, 다시 두꺼운 종이로 외 포장한다. 포장할 때의 버터의 온도는 10℃ 전후가 적당하고 포장된 버터는 단기간 저장 시에는 −5~0℃에서 보존하고, 장기간 저장 시에는 −15℃ 이하에서 동결보존시켜야 한다.

2. 머랭(Meringue)

달걀 흰자와 설탕을 휘핑해서 만든 것이다. 달걀 흰자에 공기가 혼입되고 설탕이 녹으면서 단단한 거품 형태가 된다. 머랭을 이용해 만드는 머랭 쿠키나, 전에는 버터크림 케이크 위에 올려진 장식용 과자를 만드는 데 사용했던 것을 흔히 볼 수 있었을 것이다. 이 외에도 머랭은 제과에서 케이크나 크림을 만드는 등 다양하게 이용된다.

1) 프렌치 머랭(French meringue)

달걀 흰자와 설탕을 휘핑해서 만드는 가장 일반적인 머랭이다. 무스나 크림을 만들 때는 사용하지 않고 케이크 스폰지와 같이 오븐에 굽는 제과용 작업에 이용한다. 공정이 간단해서 쉽게 만들 수 있는 머랭이다. 좋은 머랭을 만들기 위해서는 수분과 유분이 없는 건조한 상태의 볼에서 머랭을 만들어야만 한다.

2) 이탈리안 머랭(Italian meringue)

달걀 흰자에 설탕 대신 끓인 설탕 시럽을 부어가면서 만든 머랭이다. 시럽은 117도~120도로 끓인 것을 사용한다. 머랭이 안정적으로 단단하게 만들어진다. 뜨거운 시럽을 사용하기 때문에 달걀 흰자는 자연스럽게 살균이 된다. 이 머랭은 다시 오븐에 넣지 않고 만드는 디저트(무스)나 누가, 마시멜로, 버터크림을 만들 때 사용한다. 마카롱을 만들 때도 머랭의 안정성 때문에 이탈리안 머랭 법을 이용하기도 한다.

3) 스위스 머랭(Swiss meringue)

설탕의 양이 많을 때 달걀 흰자와 설탕을 중탕하여 설탕을 잘 녹인 후 휘핑해서 만든다. 윤기가 나지만 이탈리안 머랭에 비해 덜 단단하다. 주로 장식용 과자나 머랭 쿠키를 만들 때 이용한다.

4) 버터크림 만들기(이탈리안 머랭법)

(1) 재료

버터 100%, A-(설탕 15% 물 8%, 물엿 6%), B-(흰자 5%, 설탕 5%), 연유 11%, 술 2%

(2) 버터크림 제조방법

① 동 그릇에 A(설탕 + 물 + 물엿)을 넣어 가운데 부분만 살짝 덩어리를 풀어준다.

② 약한 불에서 서서히 끓여주는데 끓일 때 절대 휘젓지 말고 투명한 상태로 조청처럼 졸여서 되기를 맞추어준다(끓이는 온도 110~118도).

※ 바닥이 타지 않도록 주의한다.

③ 뜨거운 느낌이 없을 정도로 식혀준다(이것을 "청" 이라 한다).

④ 흰자에 설탕을 넣어 머랭을 40%정도까지 올린다.

⑤ 이때부터 머랭에 청을 조금씩 나누어 넣어 주면서 믹싱 볼 밑에는 찬물이나 각 얼음을 넣어 받쳐주고 머랭을 올린다(온도를 서서히 떨어트려 주는 것이다).

⑥ 청을 넣어 80~90%까지 머랭을 올려주는데 이것을 이탈리안 머랭이라 한다.

⑦ 이탈리안 머랭에 버터를 조금씩 넣어 주면서 버터를 풀어주고 머랭과 혼합시켜 준다.

※ 여름철에는 버터를 냉장이나 냉동 보관하여 단단함을 유지한 상태로 사용해야 크림이 묽어지지 않는다(겨울에는 물렁물렁한 상태).

⑧ 골고루 혼합됐으면 연유와 술을 넣고 3단 정도로 믹싱하여 기포를 충분히 올려준 다음 기포를 안정되게 정리하여 크림의 되기를 맞추어 준다.

3. 우유와 생크림

1) 우유의 주성분

우유는 주요 성분인 수분, 단백질, 지질, 탄수화물, 및 무기질과 미량 성분의 비타민, 효수 등의 여러 종류의 성분으로 구성되어 있다. 우유에는 수분을 제외한 부분을 유고형 분이라고 하며, 우유의 지방분은 유지방이라고 한다. 특히 유지방을 제외한 유유의 고형분은 무지 유고형 분이라고 부르며, 유제품 성분 규격의 지표로 사용한다.
원유 또는 탈지유에 산이나 렌넷 등을 첨가하면 단백질 응고물이 형성된다. 이커드의 주성분은 카세인이며, 치즈 제조의 주체이다. 이 카세인을 제거한 나머지 부분을 유청이라고 하며, 그 주성분은 유단백질 및 유당이다.

(1) 지방

우유의 지질은 우유 성분 중에서 중요한 성분 중의 하나이다. 유지방이 우유와 유제품에 있어서 중요한 역할은 우유 지질의 경제성, 영양, 풍미 및 물리적 성질에 의한 것이다. 우유의 평균 지방 함량은 3-4%이며, 지방의 존재 형태는 구형의 모양을 가지고 있다.

(2) 단백질

우유 단백질은 여러 종류의 단백질로 구성되어 있는데, 크게는 카세인과 유청단백질로 구분된다. 우유 단백질의 주종의 카세인으로 약 3% 정도를 차지하며, 산과 효소 레렛에 의해 응고된다. 탈지유를 pH4.6으로 조정하였을 때 침전되는 카세인을 제외한 나머지 용액을 유청이 록 하는데, 이 용액 중에 포함된 단백질이 유청단백질이다.

(3) 탄수화물

우유 속 탄수화물은 4% 정도 있으며, 이중 대부분은 유당이고 총 당질 함량은 99.8%가 유당이다. 우유에는 약간의 단맛은 유당에서 나오며, 유당은 가열 시에 갈변화의 전구물질이 되며, 빵효모의 먹이가 되지 않아 빵 반죽에서는 사라지지 않아 중요한 효소 중의 하나이다.

(4) 무기질

우유의 무기질 함량은 일반적으로 회분으로 표시하며, 우유를 550℃의 고온에서 회화시켜 얻어진 잔유물이기 때문이다. 일반적으로 우유의 회분 함량은 0.7% 정도이며, 이 함량은 단백질 함량과 상관관계가 있다.

(5) 비타민

비타민은 미량으로 체내 대사를 조절하고 더불어 영양과 번식을 지배하는 중요한 물질로서 합성되지 안기 때문에 음식물에 의해서 공급받아야 한다. 우유는 영양에 필요한 비타민을 모두 함유하고 있다.

(6) 효소

우유에는 피파제, 아밀라아제, 포스파타아제, 퍼오시다제 등의 효소 성분이 있는데, 살균 처리과정에서 대부분 불활성화된다.

(7) 칼슘

우유는 칼슘의 보고이며 가장 좋은 칼슘 공급 식품이다. 칼슘은 뼈와 치아의 주성분이며 70kg의 사람은 약 1,200g의 칼슘을 가지고 있고 몸 안에 있는 칼슘의 99%는 뼈에 나머지 1%는 체액과 근육 등에 있다. 칼슘은 우리 몸의 성장, 유지, 생식 등에 필수적인 영양소로서 뼈와 이의 기계적 및 구조적 특성을 만들며 신경 전달과 근육 수축/이완, 심근의 운동, 세포막의 삼투압 조절, 혈액 응고, 효소의 활성, 호르몬의 분비 등에 중요한 일을 하고 있다.

2) 생크림

(1) 생크림

생크림은 우유를 원심분리로 크림을 만든 후 다시 살균 – 냉각 – 포장 – 숙성 단계를 거쳐 제조된다. 수분 중에 기름이 분산된 형태로 지방함량 50% 이하의 액상으로 보존기간이 짧고, 버터크림에 비해 신선하며 생크림의 유지방 안에는 많은 카로틴이 함유되어 있다. 유지방과 식물성유지가 혼합된 것은 가공 크림, 식물성 유지만으로 된 것은 식물성 크림이라고 부르며 이를 통틀어 휘핑크림이라 부른다. 보관 온도는 5°C–13°C 이하에서 단기간 보관해야 하며 케이크나 빵, 요리, 양과자 등 사용 용도가 많다. 한국이나 일본에서는 유지방 18% 이상을 포함한 것이라고 규정하고 있으나 서양에서는 더욱 잘게 분류하며, 분류는 나라에 따라서 다르다. 일반적으로 커피용은 20% 정도의 유지방을 포함하고 있고 그보다 적은 함량의 것은 테이블 크림이라고 한다. 케이크나 과일용은 30~50% 정도의 지방분을 함유하고 있는 것으로, 거품을 내어 쓰므로 휘프드 크림(whipped cream)이라고도 하며, 생크림을 발효시켜 신맛이 나게 한 것이 사워크림(sour cream)이며, 주로 샐러드 · 수프 등을 만드는 데 쓰인다.

(2) 크림의 제조과정

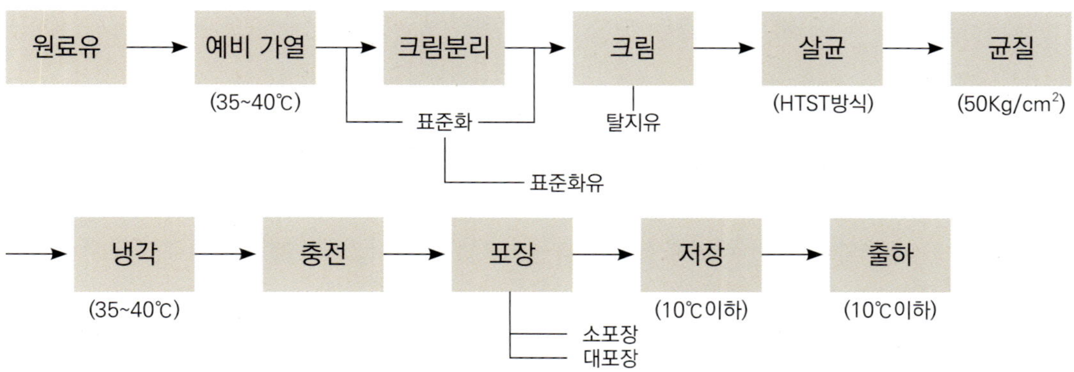

① 원료유(raw milk) : 표준화유 또는 탈지유의 원료유, 또는 원유 검사 중 비중 불합격유, 저지방유 등

② 예비가열(preheating) : 35 ~ 40℃의 크림분리 온도로 예열

③ 크림분리(separation) : 원심식 크림분리기로 7000~9000rpm으로 부분 또는 완전 탈지한다. 정치법으로도 얻을 수 있다.

④ 살균(pasteaurization) : LTLT(65℃/30분간), HTST(75℃/15~20초간) 방식으로 살균한다.

⑤ 균질(homogenization) : 50~70kg/㎠의 압력으로 1회에 한하여 균질한다. 원료크림의 경우 생략한다.

⑥ 냉각(cooling) : 5℃ 전후의 냉장온도로 냉각한다.

⑦ 충전(filling & packing) : 교반없이 정치상태로 충전하며, 소포장인 경우는 음용우유 용기를 사용하며, 대 포장인 경우는 20kg들이 주석관이나 플라스틱통에 담는다.

⑧ 저장(storage) : 소포장의 경우는 냉장온도(0~10℃)에서 보관하며, 장기보관 대 포장인 경우는 경화실온도(-18℃ 이하)에서 저장 보관한다.

⑨ 출하(delivery) : 10℃ 이하 냉장온도 또는 -18℃ 이하의 냉동조건으로 유통된다.(원료용)

(3) 크림분리에 영향을 미치는 인자들

분리의 목적은 탈지유에는 최소한의 지방만 남아있게 하고 전유 내의 모든 지방이 크림 부분에 남게 하는 것이다. 탈지 효율은 탈지유의 지방함량으로 평가된다. 보통 원추판식 크림분리기의 분리 능력은 우유의 온도, 볼(bowl)의 속도, 디스크의 크기와 숫자, 우유의 유량 등이 영향을 미치게 된다.

가. 온도

우유 온도가 높아지면 탈지유와 지방간의 밀도 차이가 커지고, 탈지유의 점도가 감소하게 된다. 그러므로 온도를 높이면 이론적으로 분리효율이 증가한다. 높은 온도는 실제로 지방 구의 붕괴를 가져올 수 있고, 지방 구의 붕괴는 분리 효율에 매우 중요한 영향을 미친다. 보통 50~55℃가 탈지 효율에 최적 온도로 인식되고 있다.

4~5℃에서 가동되는 냉각 우유 분리기도 많이 사용된다. 수유 과정에서 크림을 분리할 수 있어서 지방 손실이 다소 높지만 상당한 에너지 절감을 가져온다. 게다가 인지질 함량이 높은 크림을 생산하므로 좋은 whipping 특성을 나타낸다.

나. bowl속도

볼의 회전수가 빠를수록 크림의 지방함량은 높아진다. 탈지 효율은 4000 ~ 6000rpm에서 가장 적당하다.

다. 디스크 배열

디스크와 디스크 사이의 공간이 작을수록 분리효율이 더 높아진다. 그러나 흐름의 형태가 고려돼야만 한다.

라. 우유의 유량

크림과 탈지유의 배출량은 본래 투입되는 전유의 유량과 동일해야만 한다. 배출구에 조절기가 달리지 않은 완전 개방식 분리기는 유입되는 우유의 유량에 따라 크림의 지방함량이 조절될 수밖에 없다. 그러나 상업적 분리기에서는

크림과 탈지유의 배출량은 배압에 의해 조절되고, 이 배출량은 크림의 지방함량을 조절한다.

(4) 크림의 종류

① 휘핑크림

순수 유지방만으로 만든 생크림은 혼란을 피하기 위해 '뉴 크림' 혹은 '천연 크림'이라는 명칭이 좋을 것이다. 롯데삼강이나 서울식품에서 나오는 유지방과 식물성 유지가 혼합된 경우에는 '콤 파운드 크림' 혹은 '혼합 크림'이 가장 적당하며 식물성 유지만으로 만든 크림은 '식물성 크림' 혹은 '논 데어리(non-dairy) 크림'이다. 한편 이 모든 크림을 통틀어서 '휘핑크림'이라고 부를 수 있다. 휘핑이란 크림에 공기를 집어넣기 위해 휘저어 섞는 것을 말한다. 휘핑 과정은 크게 큰 기포가 들어가면서 지방구 피막이 파괴되는 과정과 서서히 기포 주변에 파괴된 지방이 모이는 과정, 모이는 양이 많아지면서 연결고리가 사슬 모양에서 그물 모양으로 변하면서 점도가 증가하는 과정, 구조가 더욱 치밀해져 휘핑크림이 견고해지는 과정 등이다. 단, 이 과정도 한계가 있어 지나치게 휘핑하면 지방 구의 응집이 너무 거칠어져 퍽퍽해진다. 그리고 이 상태가 계속되면 유지방이 다른 성분에서 완전히 분리돼 버터 입자 상태가 된다.

② 식물성크림

유크림은 유지방만을 사용했기 때문에 천연 크림 특유의 부드러운 풍미를 가지고 있다. 그러나 유지방 구조 자체가 너무 약해 작업 중에 심하게 조직하면 유지방끼리 엉겨 붙어 구조가 거칠어지는 현상이 강하다. 또한 작업시간이 길고 조형성이 약하다는 단점이 있다. 이러한 단점을 보완한 것이 혼합 크림이다. 이것은 천연 생크림의 약한 구조를 보완하기 위해 유화제, 안정제를 첨가한 것이다. 한편 유지방을 사용하지 않은 식물성 크림은 기능성을 최대한 강조한 제품이다. 따라서 이것의 최대 장점은 작업의 간편성이다. 식물성 크림은 식물성 유지를 주원료로 하기 때문에 뉴 크림이나 콤파운드 크림과는 다른 특성이 있다. 식물성 크림의 주원료는 옥수수기름, 면실유, 대두유, 야자유 등의 식물성 유지다. 그런데 이것은 원래 액체 상태이기 때문에 생크림과 같은 유화 상태(섞이지 않는 유지와 수분이 잘 혼합되는 현상)로 만들 수 없다. 따라서 식물성 유지에 수소를 첨가하는 '경화' 단계를 거쳐야 가공유지가 되는 것이다. 이어 이 가공유지에 유화 제나 안정제를 첨가해 탈지유 속으로 분산시킨다. 그러면 주위가 유화제의 피막으로 둘러싸인 '지방구' 상태가 되는 것이다. 이런 인공적 과정을 거친 식물성 유지는 생크림 속의 '유지방' 상태와 거의 동일하게 되는 것이다.

③ 생크림 보존 방법

생크림 보존시 가장 중요한 것은 철저한 온도관리이다. 생크림 중의 지방은 액체 상태의 지방과 고체 상태의 결정 지방이 혼합돼 있는데 온도가 높아지면 액체 지방이 많아지게 된다. 한편 온도가 낮아지면 고체 지방이 많아지기 때문이다. 또한 지방구 피막을 둘러싸고 있는 인지질, 유화제, 단백질 중 인지 질은 온도 변화에 민감하다. 따라서 생크림의 온도가 높아지면 지방 구로부터 흘러나와 접착제 같은 역할을 하게 돼 응고물이 생긴 다. 이처럼 유화 상태가 높아지면 오버런이 좋지 않게 된다. 이외에도 온도가 높아지면 세균이 급격히 증가한다. 또한 20~25℃까지 온도가 높아지면 지방 구가 손상을 받아 다시 냉각해도 원상태로 돌아가지 않는다. 이런 이유로 생크림은 반드시 5℃ 전후에서 보관해야 한다. 생크림에 충격이나 진동을 주면 지방 구끼리의 충돌이 많아져 지방 구 피막이 손상되고 유화가 파괴되기 때문이다. 또 충격이나 진동으로 인해 크림에 공기가 들어가 기포가 크림에 섞이게 되면 유화가 불안정하게 되고 파괴되기도 쉽다.

④ 휘핑크림 만들기

우선은 적정한 온도(휘핑 시작 시 5~7도, 종료 시 8~10도)와 휘핑 속도가 가장 중요하며 그 외에도 휘핑기의 종류, 크림 용량, 휘핑 시간, 오버런 등을 들 수 있다. 온도의 경우는 적정한 온도를 맞춰야만(종료 시 온도가 13도를 넘으면 안 된다) 휘핑크림의 조직이 미세하면 광택이 좋은 신선한 크림을 얻을 수 있다. 한편 휘핑 속도는 속도가 빠르면 휘핑 시간이 빨라지기는 하지만 커다란 기포가 생크림 내에 들어가 조직이 거칠어진다. 반대로 속도가 느리면 온도가 올라가게 되고 크림상태도 거칠어진다. 특히 뉴 크림의 경우 휘핑 시간과 종로점이 짧기 때문에 휘핑 상태를 확인하기 어려운 단점이 있다. 따라서 속도를 조절하면서 천천히 작업을 종료해야 한다.

(5) 생크림 이용시 주의사항

① 생크림은 냉장(3～7℃)에 보관하며, 냉동보관은 피한다.
② 취급 및 보존에 있어 생크림에 충격이나 진동을 주지 않는다.
③ 작업실의 온도는 23℃ 이하로 유지한다.
④ 휘핑용기구는 충분히 냉각하여 사용한다(여름의 경우 설탕도 냉각하여 사용한다).
⑤ 휘핑 시작온도는 3～7℃, 종료온도는 10℃이하로 유지한다.
⑥ 휘핑은 중고속에서 하며, 부피가 처음의 2배 정도 되었을때 멈춘다.
⑦ 작업은 10분 이내에 종료한다.

(6) 크림의 기포를 올리는 요인과 그 성패

① 단백질 : 단백질을 만들 수 있는 만큼의 단백질량이 필요함
② 지방의 입자크기 : 클 수록 거품이 잘 일어나고 확고한 구조가 된 다.
③ 지방의 량 : 많을 수록 강도가 높아진다.
④ 끈기 : 높을수록 뚜렷한 거품이 된다.
⑤ 산도 : 0.3 이상은 거품이 잘 일어나지 않으며 오래된 크림은 나쁘다.
⑥ 설탕 : 10%를 첨가하면 경도가 감소된다.
⑦ 온도 : 7 ~ 8℃가 되면 지방이 응집하게 되므로 저온에서 행해야 한다.

4. 떡 케이크

떡의 어원은 "찌다"라는 동사가 찌기, 떼기, 떠기, 떡으로 명사화되었으며, 가루 내어진 곡식을 반죽하여 쪄서 만든 음식을 통틀어 떡이라고 한다.

1) 떡의 종류

떡의 종류는 만드는 방법에 따라 크게 네 종류로 나눈다.

① 찌는 떡

시루에 쪄서 만드는 찐 떡으로 시루떡이라고도 하며, 백설기떡(무리떡)과 켜떡으로 구분된다.

② 치는 떡

곡물이나 곡물을 가루 내어 찐 다음 떡판이나 절구를 이용하여 쳐서 만드는 친 떡으로 가래떡, 흰떡, 절편, 개피떡, 인절미 등이 있다.

③ 삶는 떡

찹쌀가루 반죽을 모양 만들어 끓는 물에 삶아 고물을 묻히는 떡으로 경단류, 잡과병류, 단자류 등이 있다.

④ 지지는 떡

찹쌀가루를 반죽하여 모양을 만들어 기름에 지져서 완성하는 떡으로 전병, 화전, 주악, 부꾸미 등이 있다.

2) 떡의 공정

1 쌀 씻어 불리기
↓
2 1차 가루 빻기
↓
3 가루에 수분 첨가후 혼합
↓
4 반죽 ← (고물재료 삶기 → 소금간 하기 → 고물 완성)
↓
5 부재료 첨가
↓
6 찌기
↓
7 뜸들이기
↓
8 포장

3) 패턴을 이용한 생일 떡 케이크 만들기

① 재료 및 기기

- 재료 : 「백설기떡 만들기」 배합 표 참고
- 스테인리스 볼(대 · 중 · 소), 롤 밀, 찜기, 시루 망, 시루 뚜껑, 스크레이퍼, 칼, 공예용 몰드, 케이크 틀

② 만드는 순서

(1) 생일에 맞는 패턴을 준비한다.

(2) 글씨나 장식에 들어갈 쌀가루의 색깔을 정한다.

(3) 케이크 틀에 맞게 쌀가루를 안치고 패턴을 얹는다.

(4) 글씨나 패턴의 모양에 맞게 색깔을 낸 쌀가루를 뿌려 모양대로 나오도록 한다.

(5) 패턴을 빼고 찜기에서 찐다.

4) 천연 발색재

- 멥쌀 1kg당 천연분말 사용량

색	재료명	백분량(%)	무게(g)
노란색	호박 가루	3	30
	치자 가루	1.5	15
	강황 가루	3	30
분홍색	백년초 가루	3.5	30
	딸기 주스 가루	2	35
	비트 가루	3	20
초록색	보리 순 가루	3	30
	녹차 가루	3	30
	뽕잎 가루	3	30
갈색	커피 가루	2	20
	코코아 가루	3	30
	계피 가루	3	30
보라색	자색 고구마 가루	3	30
주황색	치자+ 백년초 가루	1+2	10+20

출처: NCS학습모듈, 떡공예

참고문헌

한국낙농육우협회

우유 및 유제품 과학 (문지웅 저)

the World of sugar art : choi du ri, Gwork ji Won

디저트, 지구문화사(오석태 외)

eneremets and art, 기문사(이명호 외)

cake decoration technic, BnCworld(월간파티시에)

최신제과제빵 디저트, 지구문화사(한장호 외)

윤숙자(2002), 떡이 있는 풍경, 질시루.

최덕주 외 5인(2014) 한식 디저트, 지구문화사.

NCS학습모듈, 떡공예.

professional dessert, 효일(나성주 외)

정종성(2011), 고급 테크닉으로 배우는 마지팬, 대가.

오병호(2003), 오병호의 마지팬 세계, 대한제과협회.

파티시에(2005. 2), 비앤씨월드.

대한제과협회(2003), Monthly bakery.

오병호, 김영훈(2005). "프로에게 배우는 설탕공예 빵공예", 교학사.

정영택(2010), 정영택의 설탕공예ABC, 교학사.

Louise & Othmar Fassbind, 설탕공예 Zucker Artistik, 비앤씨월드.

버터크림 만들기

버터크림 만들기

| 재료 | 버터 300g, 물 38g, 설탕 90g, 노른자 3개분

1 버터가 하얀색이 될 때까지 휘퍼로 부드럽게 풀어 준다.
2 작은 냄비에 물과 설탕을 넣고 가스레인지에 올려 끓어오르면 약 10여 초 정도 끓였다가 가스레인지에서 내린다.
3 작은 볼에 노른자를 넣고 휘퍼로 노른자를 풀고, 뜨거운 2)을 조금씩 넣어가면서 휘핑을 해서 아이보리색이 될 때까지 거품을 낸다.
4 3)을 부드럽게 풀어둔 1)의 버터에 넣어서 휘퍼로 고루 섞는다.
5 만들어진 버터크림에 색소를 넣어서 착색한다.

+ TIP

+ 버터크림의 되기를 사용 목적에 맞게 조절해서 사용한다.
(바르는 크림, 짜는 크림 등등)

데코레이션도구 1

왼쪽부터 스패튤러 위에 꽃가위, T네일, 여러가지 깍지,
오른쪽에 돌림판과 위에 모형케이크

버터크림에 착색하기

1 버터크림에 색소를 적당량 넣는다(장미꽃 색 내기).
2 고무주걱으로 섞는다.
3 색소을 균일하게 섞는다.
4 버터크림에 색소를 적당량 넣는다(장미 잎, 줄기 색 내기).
5 고무주걱으로 섞는다.
6 색소을 균일하게 섞어서 착색한다.

스패튤러 사용법

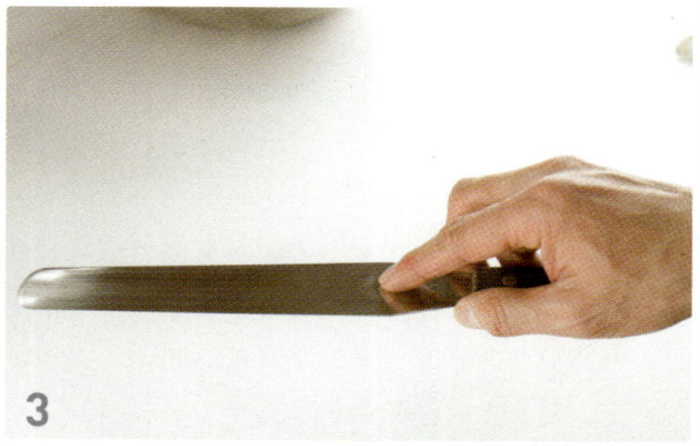

1 그림과 같이 힘을 조금 빼고 잡는다.
2 윗면 아이싱 할 때 잡는 방법으로 손잡이 쪽으로 조금 짧게 잡는다.
3 자연스럽게 손잡이를 잡고 아이싱 한다.

+ TIP

+ 스패튤러는 잡는 위치에 따라서 크림을 바르는 두께가 달라질 수 있으므로, 바른 자세로 잡고 좋은 습관을 들이도록 한다.

| 종이 짤주머니 만들기 |

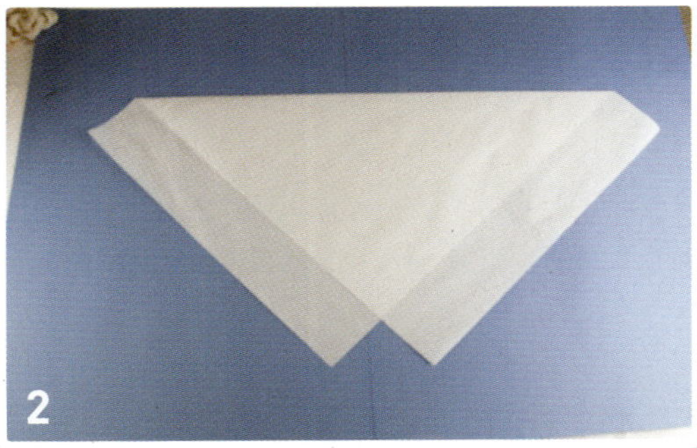

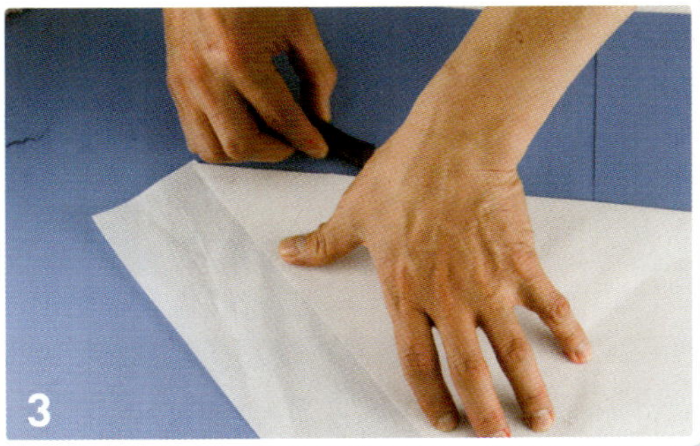

1 유산지 1장을 준비한다.
2 유산지를 반으로 접는다.
3 접은 면을 칼로 자른다.
4 반으로 자른 모습.
5 반으로 자른 유산지를 꼭짓점을 기준으로 접어 든다.

6,7,8 밑면의 반, 꼭짓점을 직각으로 해서 돌돌 말아준다.
9 유산지를 만 상태

+ TIP

+ 데코레이션 할 때는 여러 개의 종이 짤 주머니를 만들어두고 사용한다.
  장미 짜기, 줄기, 잎 짜기 등과 색을 넣어서 짜기를 할 때 필요하기 때문에 종이 짤 주머니 만드는 연습을 해서, 자연스럽게 만들 수 있도록 해야 한다.
  또한, 수분이 많은 크림 같은 경우는 두 장을 겹쳐서 사용할 수도 있다.
+ 비닐로 같은 방법으로 1회용 짤 주머니를 만들어서 가나슈나 초콜릿 작업을 할 때도 사용할 수 있으며, 그럴 경우는 옆면을 테이프로 붙여서 만든다.

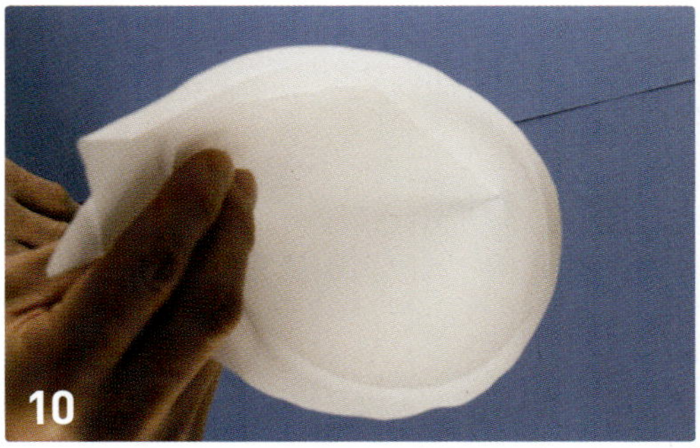

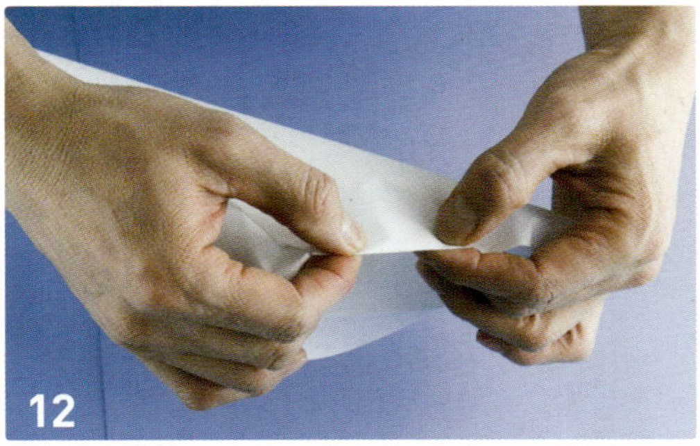

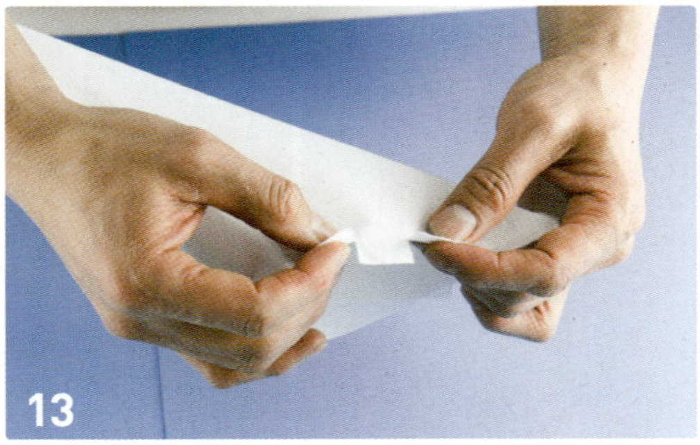

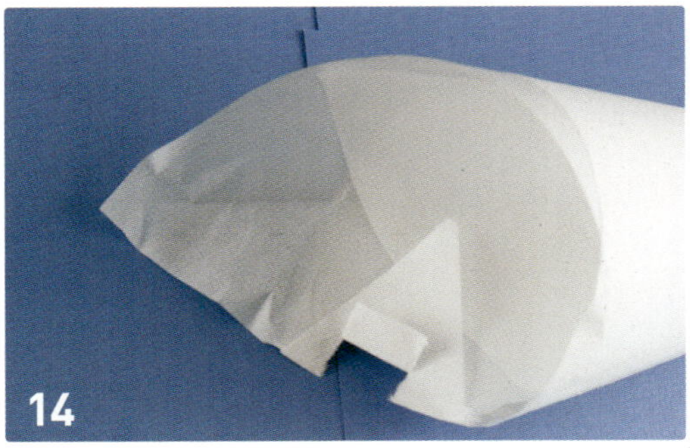

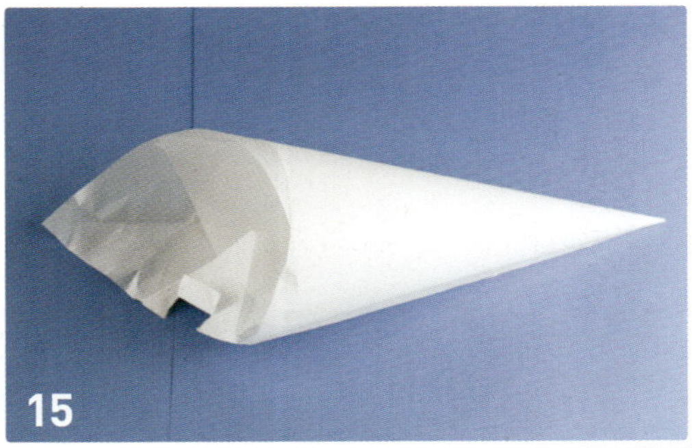

10 위에서 본 모습
11 말아서 한 손으로 풀리지 않게 잡는다.
12,13 위쪽 부분을 조금 접어서, 약 1cm 정도 찢은 다음 안으로 접는다.
14 풀리지 않게 윗부분을 접은 모양
15 완성한 1회용 종이 짤 주머니

아이싱 하기 - 윗면

1 모형 케이크에 랩을 싼다(랩을 싸서 연습하면 마무리 청소할 때 편하다).
2 윗면에 1차로 크림 바른 상태.
3 크림 바른 윗면을 스패튤러 날로 눈으로 8등분 한다.
4,5 크림을 올려서 중심에서 테두리 방향으로 크림을 바란다.

6,7,8 돌림판은 반대쪽 손으로 돌려가며 반복해서 크림을 바른다.

9,10 시작한 곳에서 스패튤러 각도를 약 45도 정도로 눕혀서 윗면을 평평하게 한다.

11 윗면 작업 마무리 단계

12 윗면 아이싱 완성

아이싱 하기 – 옆면, 윗면 마무리

1,2 옆면에 크림을 바를 때는 윗면에 크림 바를 위치를 살짝 자국을 낸 후 바른다.
(아이싱이 숙달이 될 때까지는 윗면에 간격을 그려놓고 작업하는 게 수월하다.)

3,4 8시 방향에서 시작해서, 반시계 방향으로 한 손으로 돌려 가면서 바른다.

5 깨끗하게 크림이 발라진 상태

6 옆면에 크림을 바르면, 윗면에 크림이 올라오게 되는데, 이 여분의 크림을 깔끔하게 걷어내야 아이싱이 완성된다.

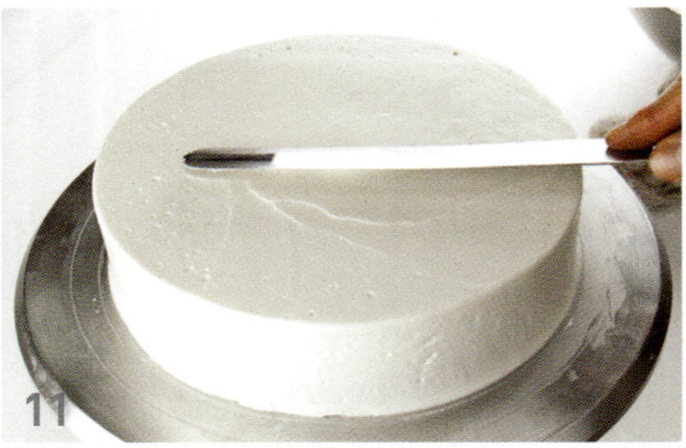

7 윗면의 크림을 조금씩 걷어낸다(테두리에 직각이 되도록 해야한다).
8,9 걷어낸 후의 자리에는 크림 자국이 최소한 되도록 깔끔하게 작업한다.
10,11,12 윗면 작업 마무리 단계.

아이싱 하기 – 삼각콤 사용(옆면)

1,2 옆면 아이싱 후 삼각콤으로 옆면에 가져다가 각도를 약 45도 정도로 한다.
3,4 힘을 균일하게 줘서 굴곡이 생기지 않도록 한다.

+ TIP

+ 삼각콤을 사용해서 옆면 아이싱을 할 때는 윗면 아이싱하고, 옆면 아이싱한다.
윗면 다듬기 아이싱 하기 전에, 옆면을 삼각콤으로 긁은 후에 위로 올라온 크림을 다듬어서 마무리한다.

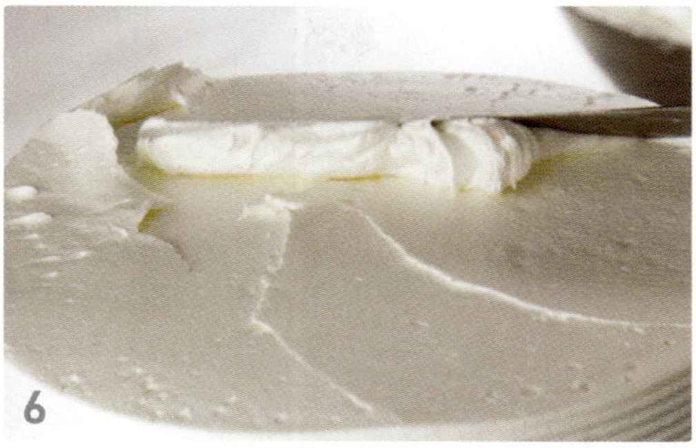

5,6 테두리 위로 올라온 크림을 정리한다.
7 윗면 작업 마무리

| 사각, 하트모양 아이싱 하기 |

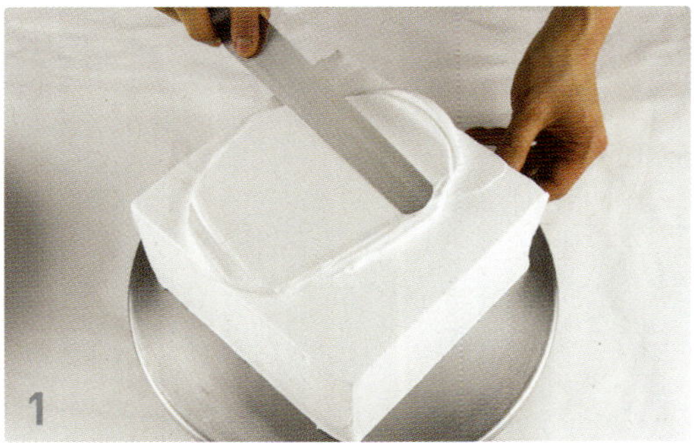

1 사각 케이크 윗면 아이싱 하기
2 사각 케이크 옆면 아이싱 하기
3 사각 케이크 윗면 옆면에서 올라온 크림 다듬어서 완성하기
4 하트 모양 케이크 윗면 아이싱 하기
5,6 하트 모양 케이크 옆면 아이싱 하기

7 하트 모양 케이크 윗면 크림 정리해서 아이싱 완성
8 완성한 아이싱

| 사각, 하트 모양 케이크 크림 짜기 |

1 윗면, 옆면 짜기
2 옆면 짜기

3 옆면 짜기
4 옆면 짜기
5 옆면 짜기

6,7 완성한 사각 케이크
8,9 원형 물결 모양 케이크
10 하트 모양 짜기

기본 짜기 연습

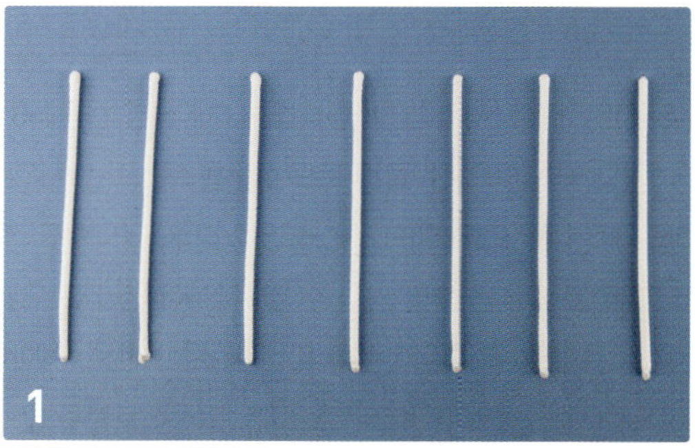

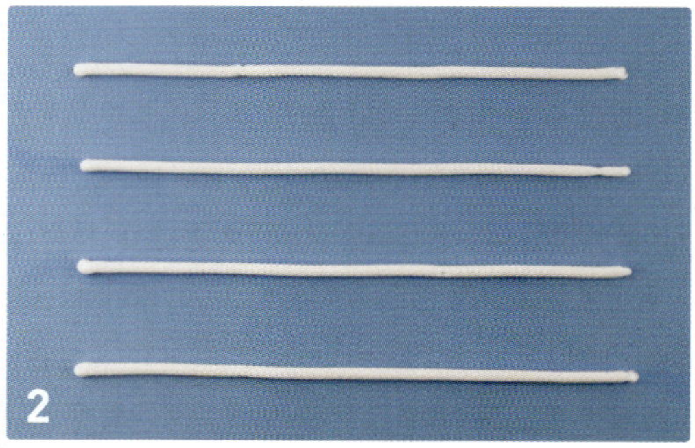

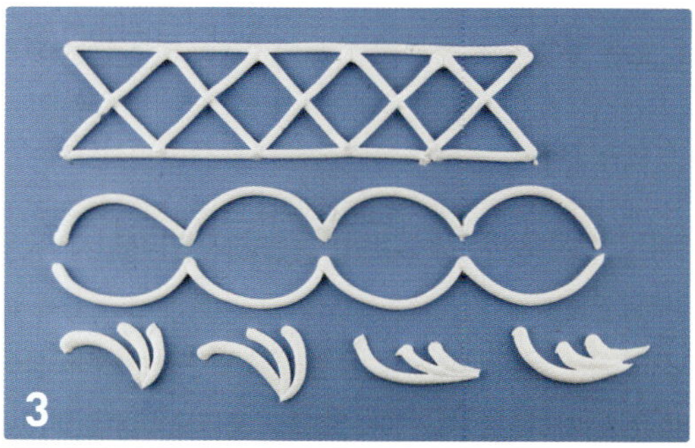

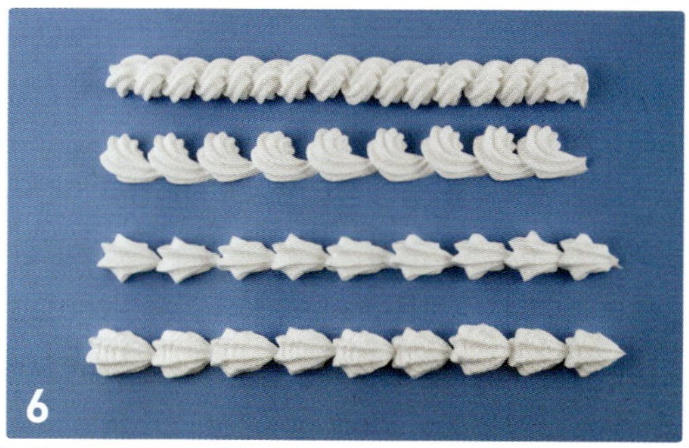

1 세로 선짜기
2 가로 선짜기
3 곡선 짜기
4 곡선 짜기 응용
5 하트, 삼각, 사각 짜기
6 별깍지 기본짜기

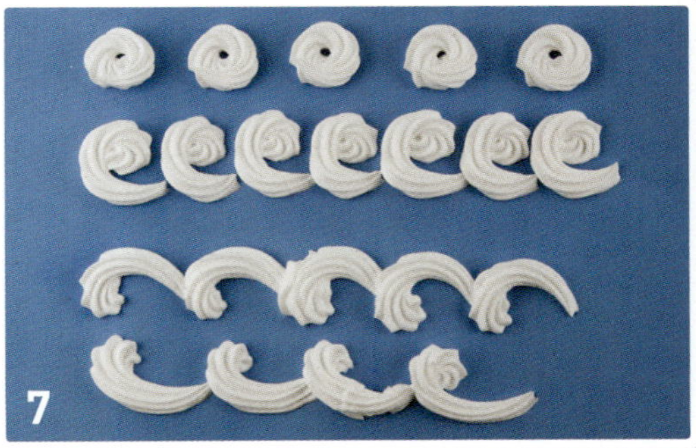

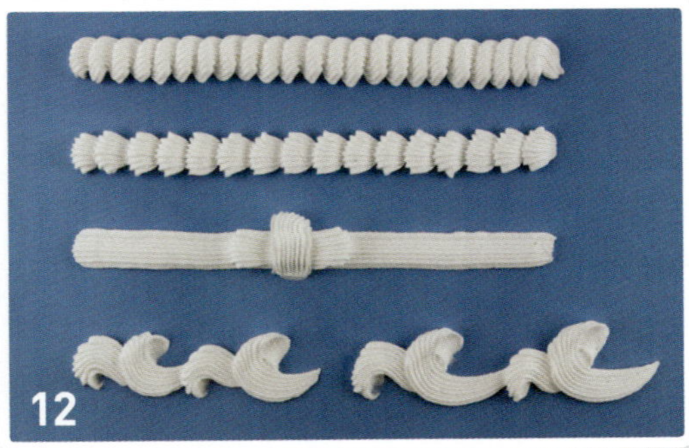

7 별 깍지 곡선 짜기 1
8 별 깍지 곡선 짜기 2
9 별 깍지 곡선 짜기 3
10 별 깍지로 여러 가지 곡선 짜기 1
11 별 깍지로 여러 가지 곡선 짜기 2
12 바구니 모양 깍지로 짜기

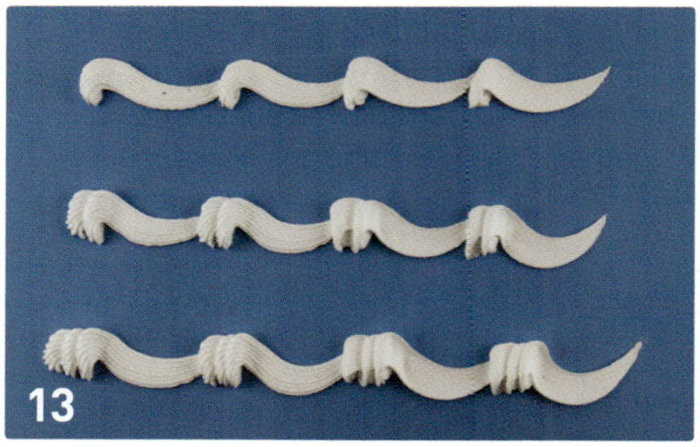

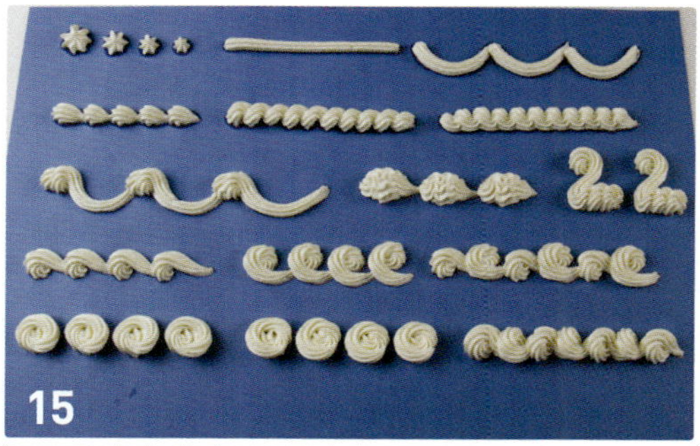

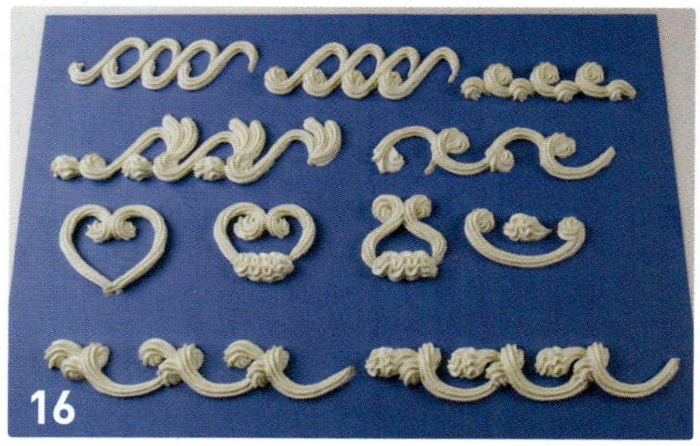

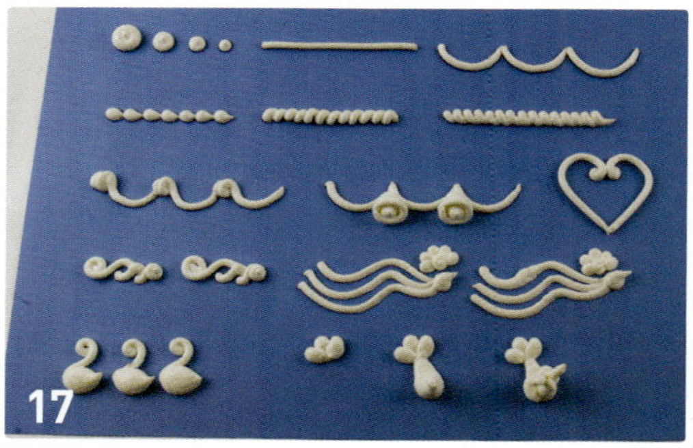

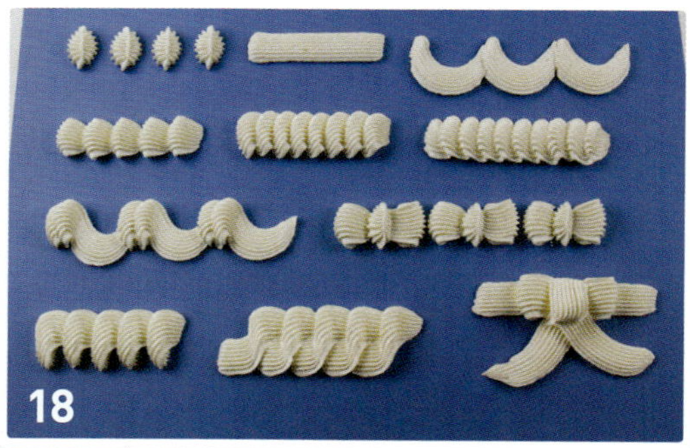

13 바구니 모양 깍지로 곡선 짜기
14 바구니 모양 깍지와 별 모양 깍지로 이중 물결 짜기
15,16 별 모양 깍지를 이용한 짜기
17 작은 원형 깍지를 이용한 짜기
18 바구니 모양 깍지를 이용한 짜기

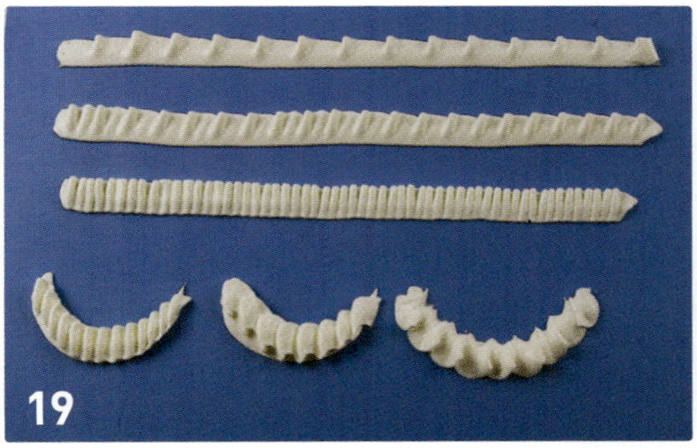

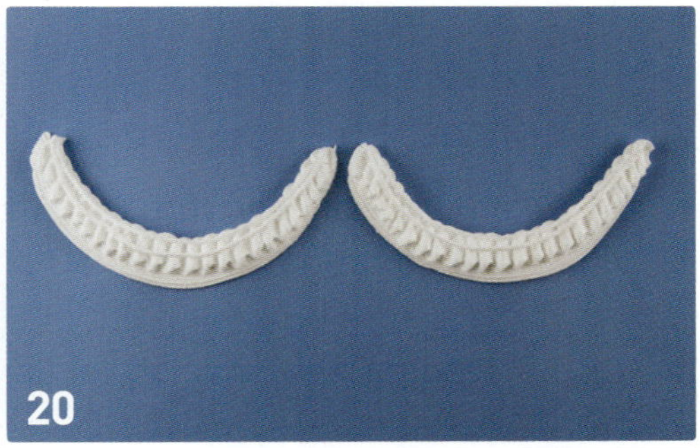

19 바구니 모양 깍지를 이용한 레이스 주름 짜기
20 바구니 모양 깍지를 이용한 레이스 모양 짜기 응용
21 별 모양 깍지로 크라운 짜기 1
22,23 별 모양 깍지로 크라운 짜기 2
24 케이크 옆면에 크라운 짜기

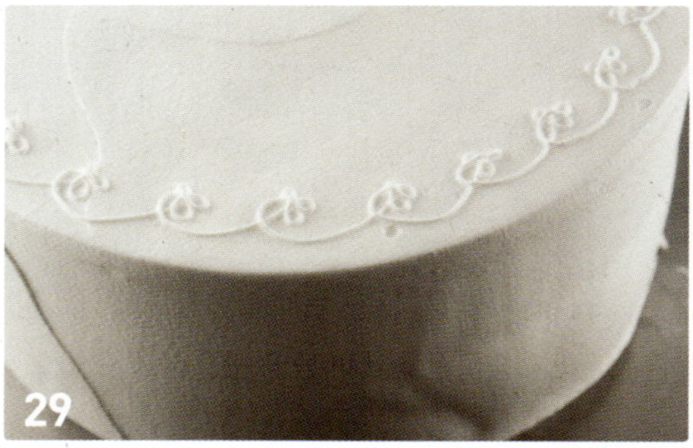

25 다양한 도안 짜기.
26 케이크 윗면 레터링 무늬 짜기 1
27 케이크 윗면 레터링 무늬 짜기
28 케이크 윗면 레터링 무늬 짜기 2
29 케이크 윗면 레터링 무늬 짜기

+ TIP

+ 비닐 1회용 짤주머니에 버터 크림을 담아서 연습용으로 사용한다.

| 여러 가지 옆면 짜기(별 모양 깍지, 둥근 깍지, 바구니 모양 깍지 사용) |

1

2

3

4

5

6

1 옆면을 별 모양 깍지로 돌려짜기
2,3 작은 둥근 깍지로 모양 짜기
4,5,6 공작 모양 짜기

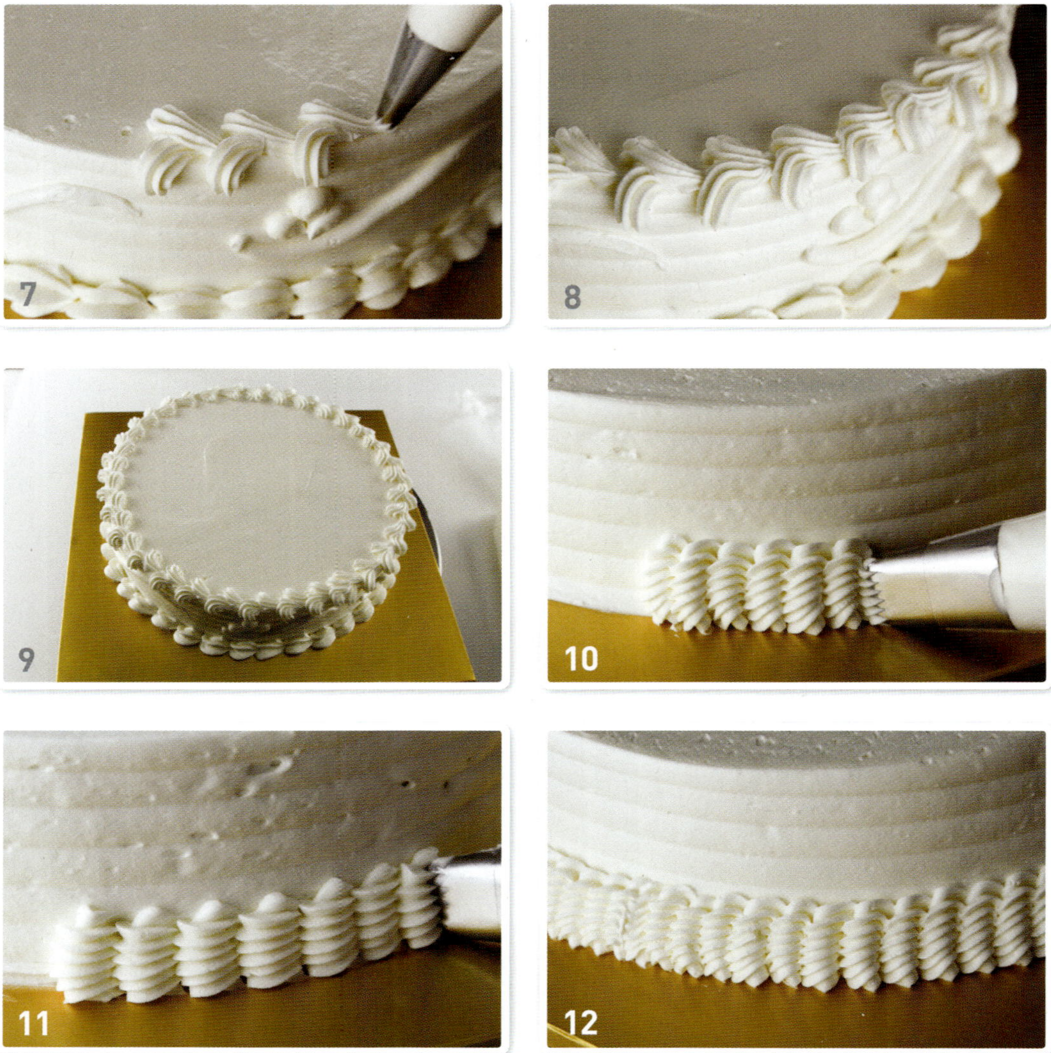

7,8 윗면 별 모양 깍지로 테두리 짜기
9 윗면 테두리 짜기 완성
10,11,12 옆면 바구니 모양 깍지 짜기(별 모양 깍지와 짜는 요령은 같다).

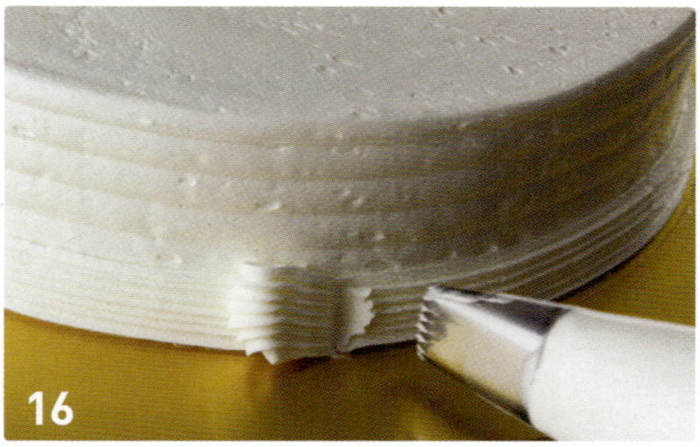

13,14,15 한번에 옆면 돌려짜기(왼손으로 돌림판을 최대한 팔을 돌려서 잡고, 왼손을 천천히 돌리면서 오른손에 크림의 양을 조절하면서 짜야 한다).

16,17 옆면 돌려짜기 한 위에 리본 짜기

18 리본 짜기 완성

19,20,21 별 모양 깍지로 물결 모양 짜기
22 연속으로 짠 모양

23,24 옆면 돌려짜기 한 위에 별 모양 깍지로 돌려짜기

25,26,27,28 옆면 돌려짜기 한 위에 별 모양 깍지로 진동을 주며 웨이브 짜기

29,30 바구니 모양 깍지로 레이스 모양 짜기
31,32,33,34 레이스 위에 겹쳐짜기

35,36 옆면에 바구니 모양 깍지로 물결 짜기
37 별모양 깍지로 진동 짜기
38,39,40 옆면을 별 모양 깍지로 리버스쉘 짜기

41,42,43 별 모양 깍지로 윗면 테두리 짜기
44,45 별 모양 깍지로 윗면에 하트 짜기

46,47 옆면에 작은 둥근 깍지로 하트 짜기
48,49 바구니 모양 짜기와 둥근 모양 깍지로 이중 물결 모양 짜기

50,51 바구니 모양 짜기와 둥근 모양 깍지로 이중 물결 모양 짜기
52,53 옆면 별 모양 깍지로 물결 모양 짜기

2가지 색소 크림 짤 주머니에 담기

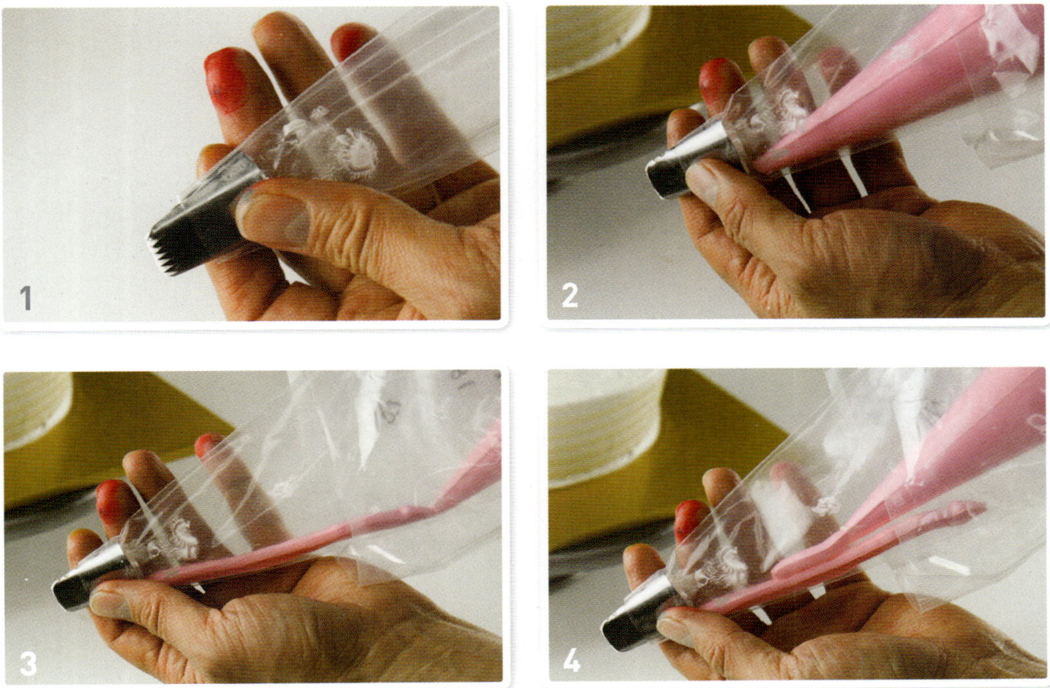

1 비닐 짤 주머니에 깍지를 끼운다.
2 다른 비닐 짤 주머니에 분홍색 크림을 담아서 비닐 짤 주머니 안에 짜준다.
3 분홍색 크림을 담은 짤 주머니를 한 줄 짜준다.

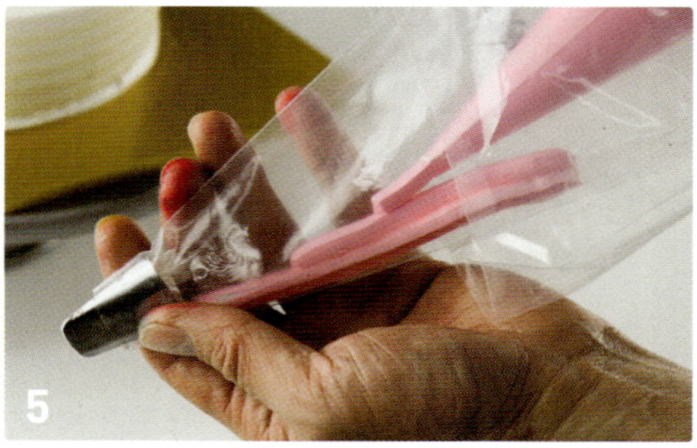

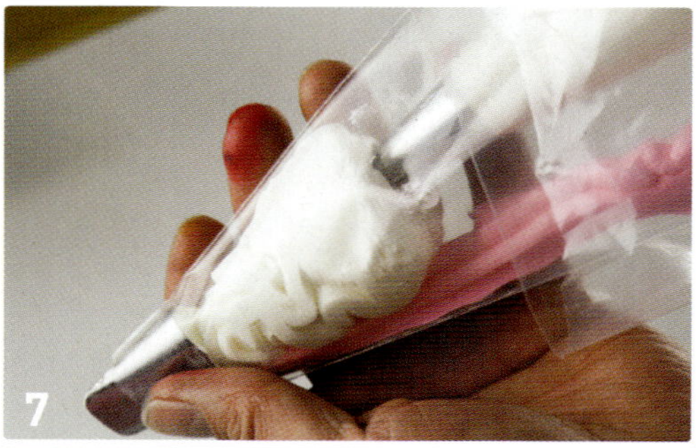

4,5,6 3~4번 정도를 위로 겹치게 짜준다
7 분홍색 크림을 전체의 약 4~5분의 정도 짜고 나머지 부분은 하얀색 크림을 짜준다.
8 두 가지 색이 들어간 짤 주머니.

옆면 짜기(색소 사용, 바구니 모양 깍지 사용)

1 바구니 모양 깍지로 두가지 색 크림을 이용해서 옆면 짜기
2,3 연속해서 짜기
4 완성한 모양

윗면에 레터링 무늬 짜기

| 재료 | 다크초콜릿 200g, 버터 100g

1 초콜릿을 녹인 후 약 28℃ 정도로 식힌다.
2 부드럽게 풀어둔 버터를 넣고 섞는다(휘퍼로 많이 섞으면 기포가 생길 수 있으니 주의한다).
3 원하는 되기로 조절해서 사용한다.

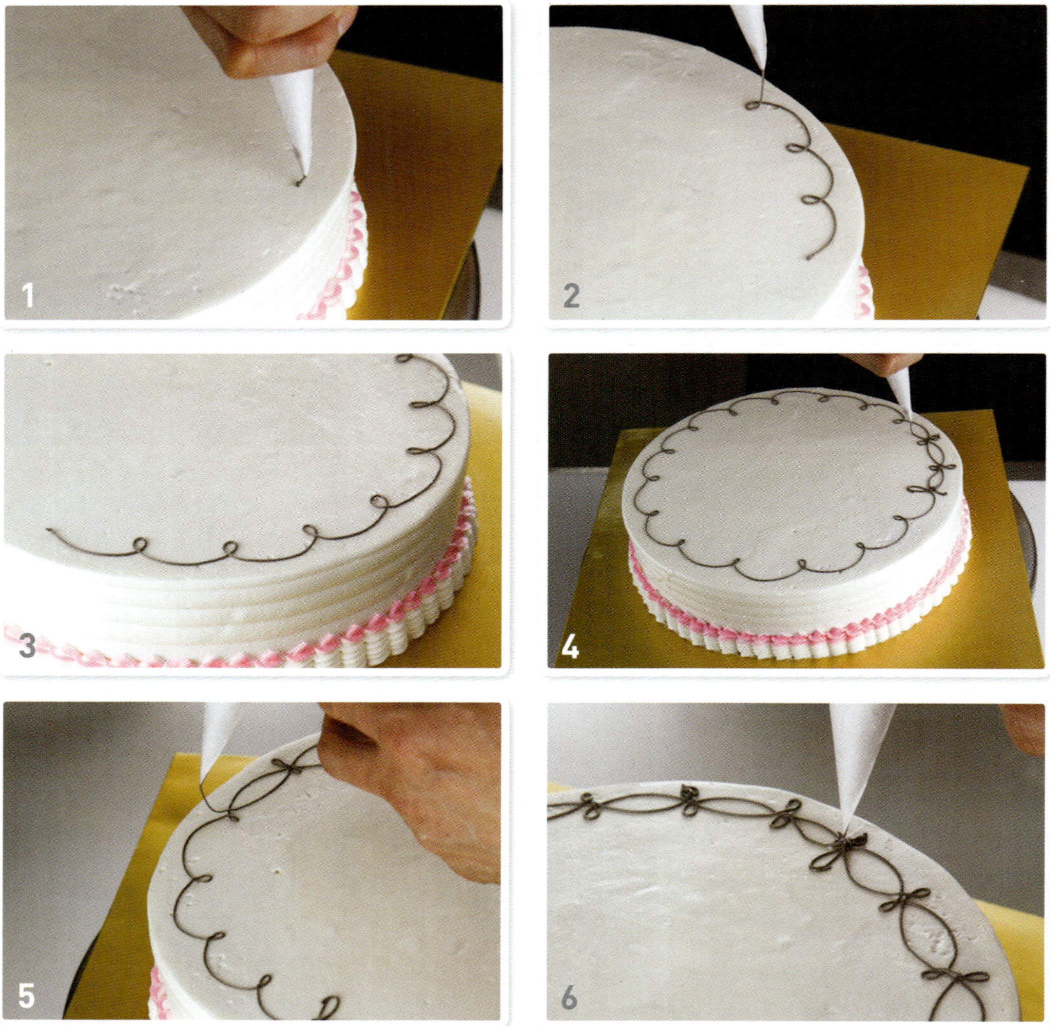

1 초콜릿 버터 (또는 가나슈)를 1회용 짤 주머니에 담아서 케이크 윗면에 짜기
2,3,4,5,6 가늘게 일정한 간격으로 돌려가면서 짜기

싸인 연습하기(글씨 연습하기)

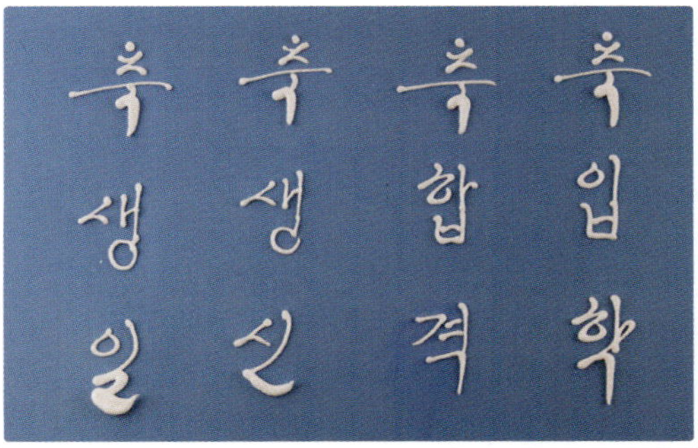

축 생일 祝 生日 축 생신 祝 生辰

축 입학 祝 入學 축 합격 祝 合格

축 승진 祝 昇進 축 결혼 祝 結婚

MERRY CHRISTMAS

MERRY CHRISTMAS

a b c d e f g h l j k l m

n o p q r s t u v w x y z

a b c d e f g h I j k l m

n o p q r s t u v w x y z

A B C D E F G H I J K L M

N O P Q R S T U V W X Y Z

장미 짜기, 등꽃 짜기

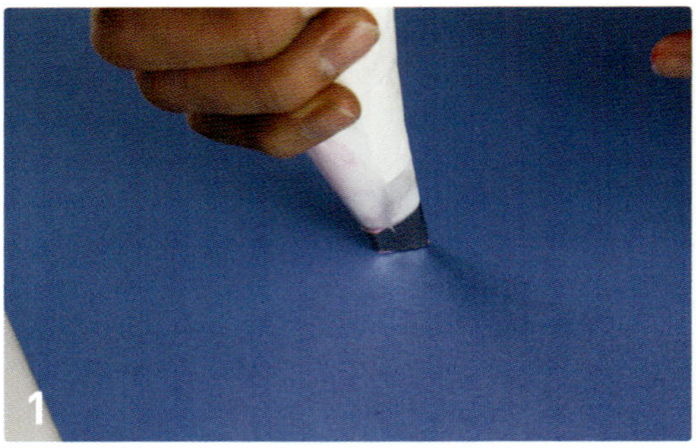

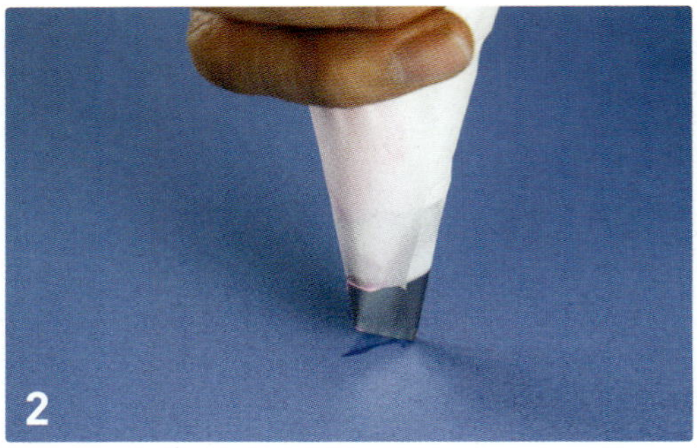

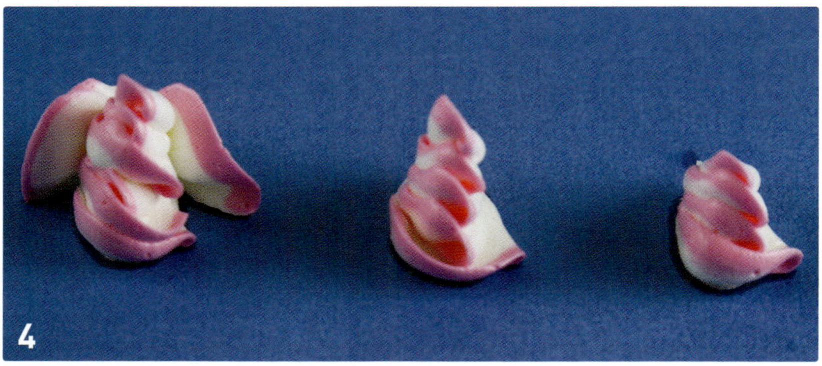

1 짤 주머니에 장미 깍지를 끼우고 두 가지 색을 담아 장미 깍지를 앞쪽으로 기울여준다.
2 등꽃을 짤 때의 깍지의 각도에 주의한다.
3 등꽃을 짠 후 앞쪽에서 본 모양.
4 앞쪽에서 본 모양

5 장미꽃 짜는 순서
6 장미꽃, 등꽃, 꽃잎, 글씨 완성 사진

케이크 윗면장식 - 장미꽃 짜서 케이크 위에 올리기

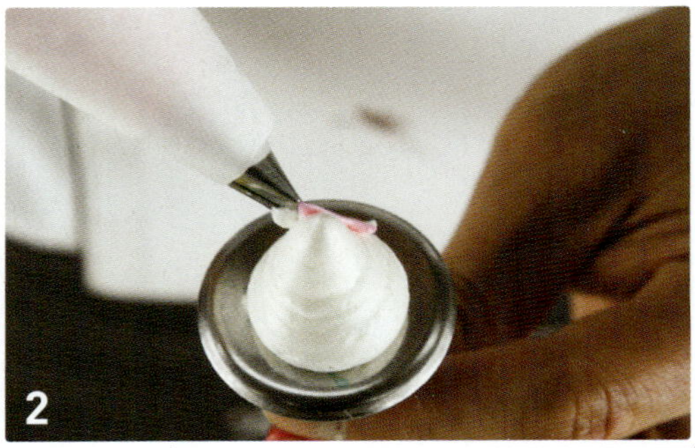

1 지름 1cm 크기의 원형 깍지를 이용하여 꽃 받침대에 크림을 원뿔 모양으로 짜준다.
2,3,4 원뿔 모양에 장미꽃 중앙 꽃잎을 한 바퀴 돌려 짠다.
5,6 한 바퀴 돌려짠 꽃잎이 끝나기 전에서부터 꽃잎을 한 잎 한 잎 돌려짜면서 세잎을 짜준다.

+ TIP

+ 두가지 크림을 짤 주머니에 담아서 사용

7,8,9,10,11,12 꽃잎의 가운데부터 다음 꽃잎을 연속적으로 7~8잎을 돌려 가면서 짜준다.
(꽃잎과 꽃잎 사이가 간격이 맞도록 조화롭게 짜준다.)

13,14 꽃잎의 가운데부터 다음 꽃잎을 연속적으로 7~8잎을 돌려 가면서 짜준다.
(꽃잎과 꽃잎 사이가 간격이 맞도록 조화롭게 짜준다.)

15 1(중앙에 한 잎)–3(두 번째 3잎)–7(밖에 7잎–꽃의 크기에 따라서 마지막 한 잎은 가감할 수 있다).

16 가위로 꽃 밑부분을 잘라서 옮긴다.

17 가위로 자른 꽃을 케이크 원하는 부분 위에 조화롭게 어울릴 수 있도록 올려놓는다.

18 두 번째 꽃을 짜서 가위로 옮긴다.
19 케이크 윗면에 올린다.
20 세 번째 장미를 짜서 가위로 조심스럽게 케이크 윗면에 조화롭게 올린다.
21 장미 꽃 3송이 짜서 올리기

케이크 윗면장식 – 등꽃 짜기, 장미잎 짜기

1,2 등꽃 줄기를 가늘게 짜기
3,4 줄기 끝에 등꽃 짜기

5,6 등 꽃잎을 꽃 밑 부분에 짠다.
7,8 장미잎 짜기 – 짤 주머니에 두 가지 크림을 넣고 앞부분을 가위로 자르고, 장미꽃 밑 부분에 잎을 짠다.

케이크 완성하기 – 장미잎 짜기, 글씨 쓰기

1,2 조화롭게 장미 잎 짜기(크기별로)
3 케이크 윗면에 꽃 짜기 완성
4,5 케이크 한쪽 면에 글씨 쓰기
6 장미 버터케이크 완성

플라워 케이크

플라워 케이크

기존의 버터크림 케이크에서 기본 기법과 도구, 크림의 사용은 같지만, 데커레이션에서 다양하고 많은 종류의 꽃을 표현하고, 과감하고 다양한 색을 사용한다.
꽃을 짜는 다양한 기법과 더불어 조색에 대한 이해와 감각을 훈련한다면 좀 더 생화에 가까운 느낌으로 케이크를 디자인하는데 도움이 될 것이다.

+ 크림

버터크림 케이크에서 사용하는 크림을 이용한다.

+ 케이크

비교적 많은 종류의 꽃을 데커레이션 함으로, 비중이 높은 무거운 반죽의 케이크를 사용하는데 초콜릿 케이크, 당근 케이크, 과일 케이크 등이 주로 사용된다.
기존 케이크의 비율과는 다르게 크기는 작고, 높이는 좀 더 높아지는 형태로 제조한다.

초콜릿 케이크 만들기

| 재료 | 달걀 150g, 설탕 110g, 박력분 65g, 다크 초콜릿 85g, 버터 160g, 코코아분말14g, 베이킹파우더 6g, 소금 1g

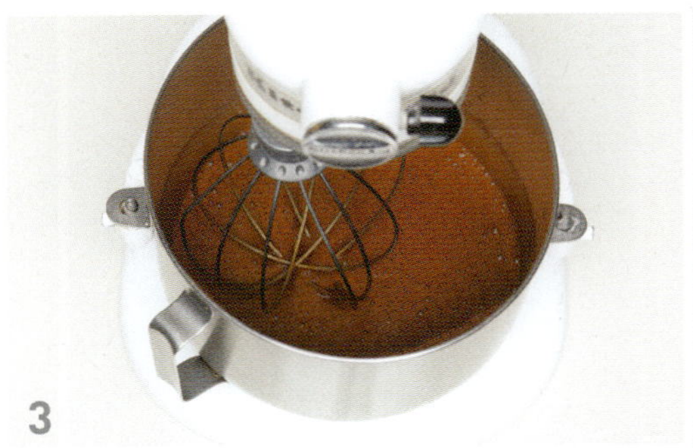

1 버터와 다크 초콜릿을 중탕으로 녹인 다음 설탕을 넣고 살짝 식힌다.
2 계란을 나누어 넣는다.
3 믹서로 충분히 휘핑한다.

4

5

6

4 체 친 가루재료(박력분, 베이킹파우더, 코코아 분말)를 넣고 섞어준다.
5 유산지를 깐 원형 팬에 반죽을 2/3 높이로 채우고 윗불 180℃, 아랫 불160℃에서 30분 정도 굽는다.
6 완성된 케이크

당근 케이크 만들기

| 재료 | 달걀 150g, 흑설탕120g, 소금 2g, 박력분 150g, 아몬드분말 30g, 계피가루 4g, 베이킹파우더 4g, 베이킹소다 2g, 식용유 120g, 당근(수분 많지 않도록 갈아서) 200g, 호두 65g, 크렌베리(전 처리 한 것) 40g

1

2

3

4

1 달걀을 풀어주고 설탕과 소금을 넣어 고속으로 휘핑한다.
2 식용유를 넣으면서 골고루 휘핑한다.
3 우유를 넣고 휘핑한다.
4 체 친 가루재료(박력분, 아몬드 분말, 계피가루, 베이킹 파우더, 베이킹 소다)를 넣고 골고루 섞어준다.

5

6

7

8

5 당근을 넣는다.
6 호두와 크렌베리를 넣는다.
7 유산지를 깐 팬에 반죽을 2/3정도 넣고 윗불 180℃, 아랫 불160℃에서 30분 정도 굽는다.
8 완성된 케이크

초콜릿 컵케이크 만들기

반죽은 초콜릿 케이크의 공정을 참고한다.

1 머핀 팬에 유산 속지를 준비하고, 반죽을 60%정도 짤주머니를 이용하여 균일하게 팬에 넣고 윗불 180℃, 아랫 불 160℃에서 20분 정도 굽는다.

2 완성된 컵케이크

+ 아이싱 하기

케이크의 데커레이션에 많은 양의 크림을 사용하게 되므로 기본 케이크의 아이싱은 크림을 적게 사용하도록 한다.

1

2

3

4

5

1 케이크를 3등분 슬라이스한다.
2 케이크의 사이사이에 크림을 샌드한다.
3 전체적으로 얇게 아이싱하여 냉장고에서 굳힌다.
4 데커레이션 하기 전 단계에 다시 한번 아이싱하여 매끄러운 상태로 준비한다.
5 컵케익도 가볍게 아이싱하여 준비한다.
(꽃을 짜서 올리는 경우는 사진 우측 컵케이크처럼 윗부분이 봉긋한 상태로, 직접 컵케이크에 짜는 경우는 좌측처럼 약간 낮은 상태로 아이싱하는 것이 좋다.)

+ 여러 가지 꽃짜기

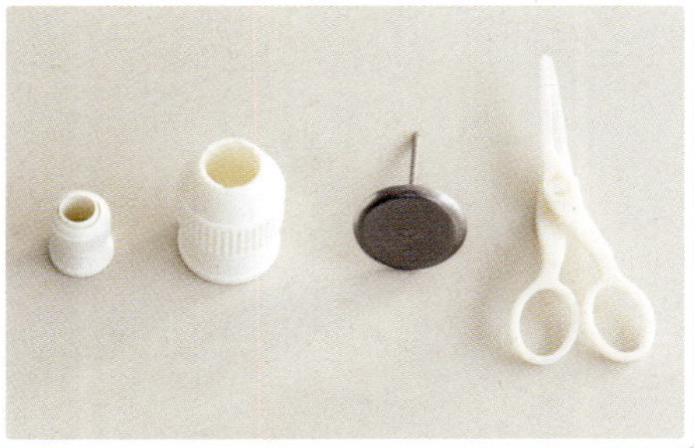

| 기본도구 |

장미

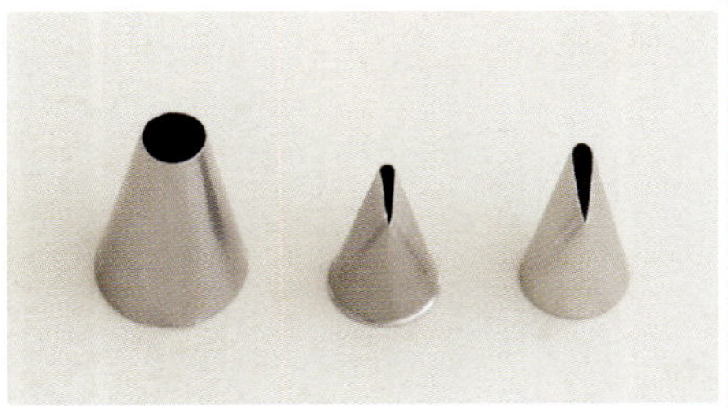

1 아랫부분부터 중심을 잡으면서 심지를 균일하게 짜 올린다.
2 심지의 윗부분에 45°각으로 얇고 좁게 꽃의 중심을 잡는다.

3 중심을 감싸는 세잎을 균형있는 삼각형으로 완성한다.

4 세잎 중 한잎의 1/2지점에서 시작하여 왼쪽에서 오른쪽으로 짜준다.
세 번째 잎은 첫 번째 잎을 마주 보도록 하면서 균형을 맞춰서 5잎을 짠다.

5 같은 방법으로 다시 5잎을 짠다. 작은 장미로 컵케이크에 많이 사용한다.

6 5잎을 더하면 중간 크기의 장미로 가장 많이 사용한다.

카네이션

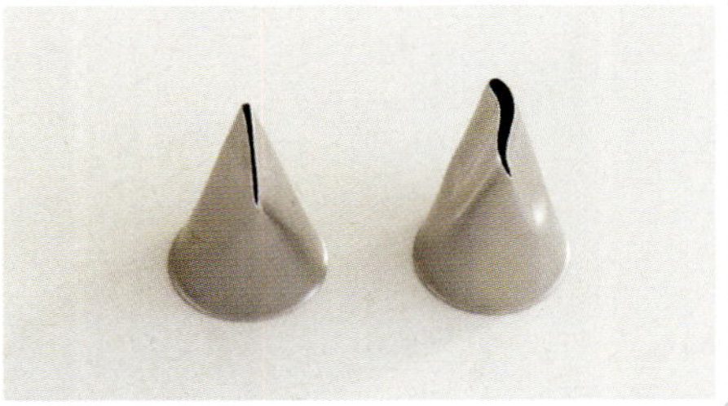

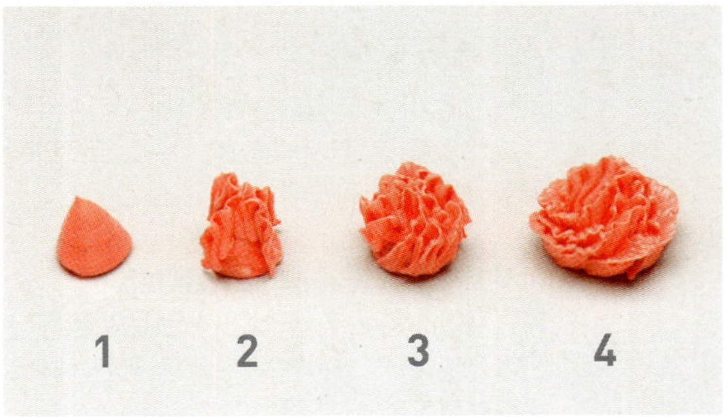

1 장미짜기의 심지를 짜준다.
2 4등분의 각 방향에서 위쪽부터 주름을 주면서 내려온다(시작점에서 깍지를 위로 올리듯이 짜주면 모양을 부피감 있게 잡을수 있다).
3 4개의 중심 사이사이 2/3지점부터 다시 주름을 주면서 내려 짜준다.
4 빈 부분을 보면서 낮은 옆 주름으로 마무리 한다.

작약

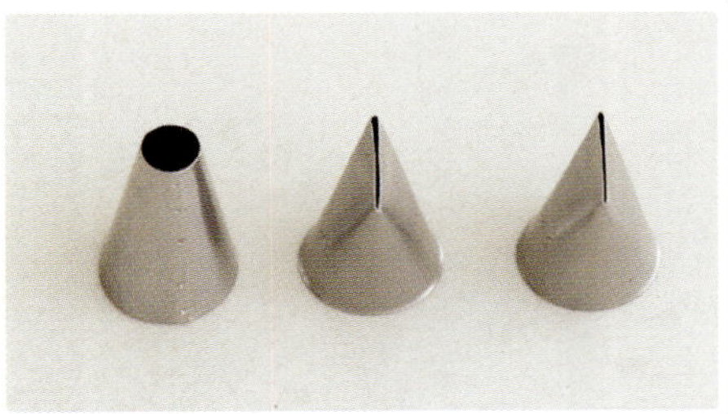

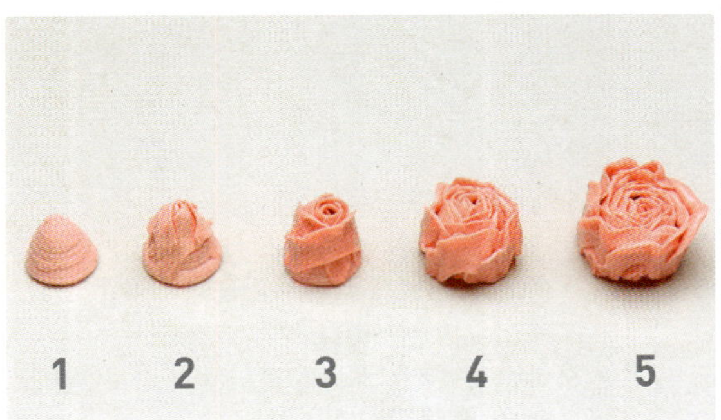

1 심지기둥을 짜 준다.
2 기둥을 감싸는 3잎을 올리며 짜준다.
3 5잎을 3잎의 안쪽부터 높은 타원형을 그리며 덮어준다.
4 다시 약간 길어진 5잎을 약한 주름을 주며 짜준다.
5 좀 더 긴 주름을 주는 6잎으로 마무리 한다.

라넌큘러스

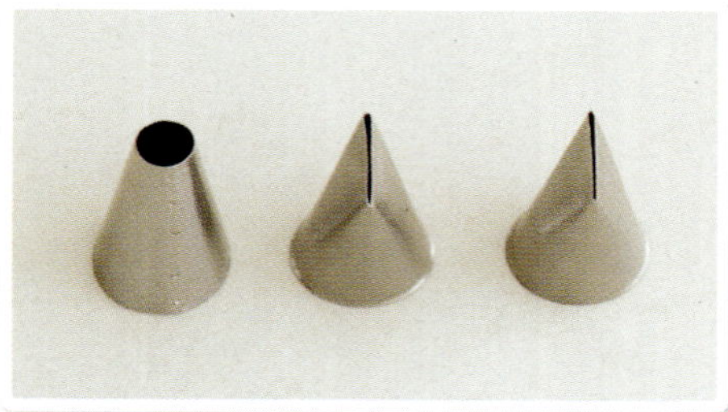

1 심지기둥을 짜 준다.
2 기둥을 감싸는 5잎을 감싸며 짜준다.
3 다시 5잎을 짜면서 높이를 1–2mm정도씩 낮추어 감싸며 짜준다.
4 꽃의 사이즈를 보며 용도에 따라 여러 겹 겹치면서 동그랗게 모양을 정리하여 라넌큘러스의 느낌을 살린다(안쪽의 잎은 진한 색으로 하고 바깥쪽으로는 연한 색으로 농도조정하면 효과적이다).

잉글리시로즈

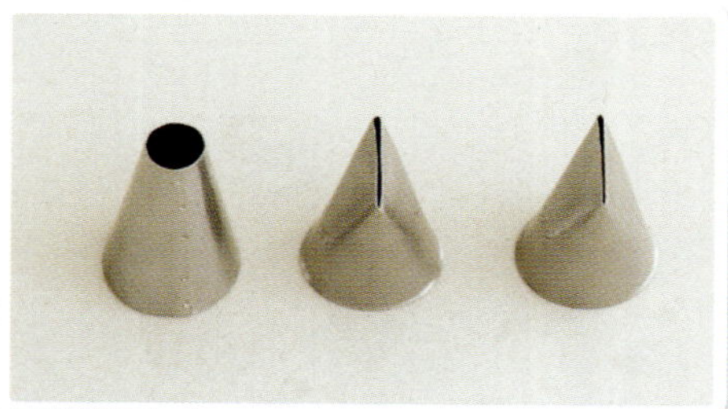

1 낮고 평평한 심을 짜준다.
2 깍지를 세워서 중심과 바깥쪽을 반복하여 주름을 둥글게 잡아서 가운데 심을 만든다.
3 심을 감싸는 5잎을 짠다.
4 주름을 주며 다시 길어진 5잎과 다시 5잎으로 꽃이 편 느낌을 살린다.

국화

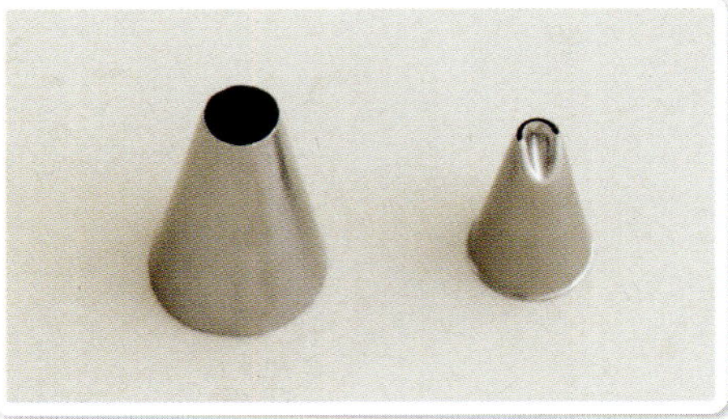

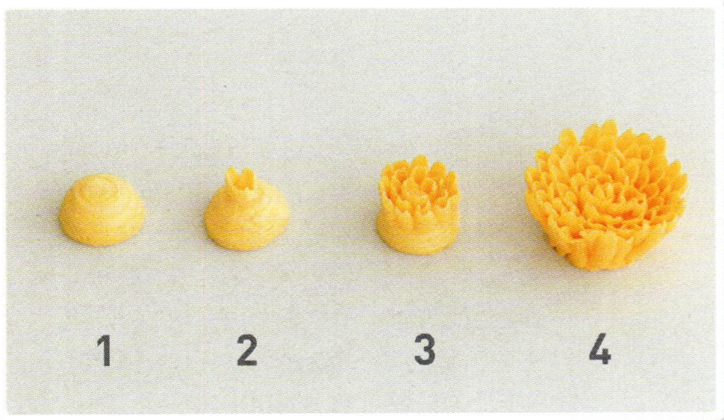

1 중간 높이의 튼튼한 기둥을 세운다.
2 중심에 3잎을 짧게 끌어 올리며 짜서 기준을 잡는다.
3 3잎을 감싸며 조금 길어진 10–11잎을 세우며 짜준다.
4 다시 잎을 감싸며 밑에서 끌어올리는 좀 더 길어진 잎으로 짠다.
4 원하는 꽃의 크기는 짜는 잎 수를 늘려서 표현한다.

데이지

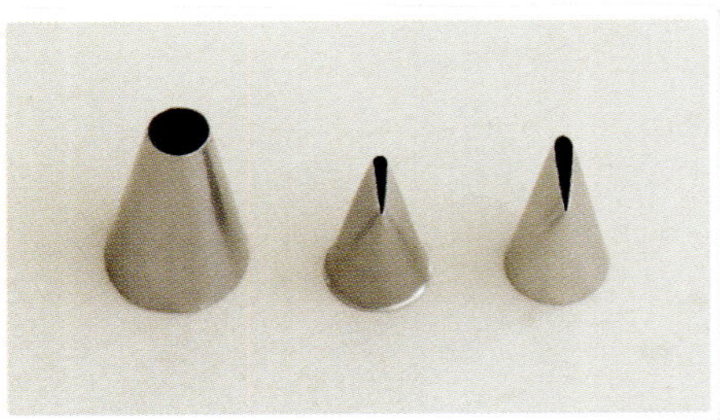

1 꽃받침에 유산지나 필름을 깔아서 짠 후 굳혀서 사용하는 꽃 중의 하나이다(꽃의 크기는 깍지의 크기로 조절할 수 있다).
2 잎은 깍지의 각도를 30°로 세우고 아래로 내리며 중심에서 모이도록 한다.
3 받침을 1/4로 나누어 11–12잎이 균형을 잡도록 한다.
4 가운데 꽃술을 짜서 마무리한다.

애플 블러섬

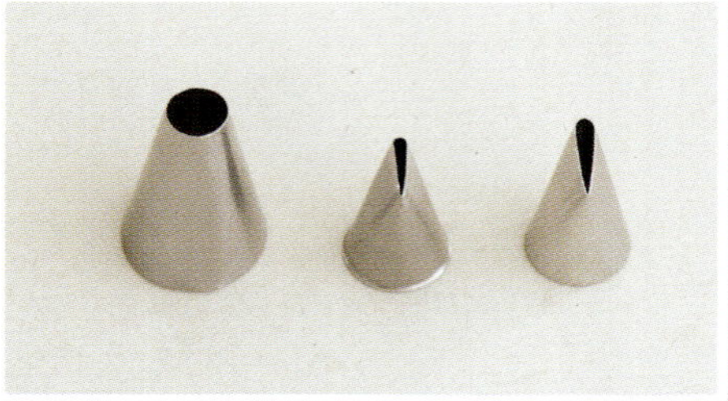

1 꽃받침에 유산지나 필름을 깔아서 짠 후 굳혀서 사용하는 꽃 중의 하나이다.
2 각도는 30°로 각각의 잎이 동글게 모양이 잡히고 균형이 맞도록 한다.
3 받침을 잘 돌려주며 5잎이 모이도록 짜서 굳힌 다음 꽃술을 짜서 마무리 한다.

수국

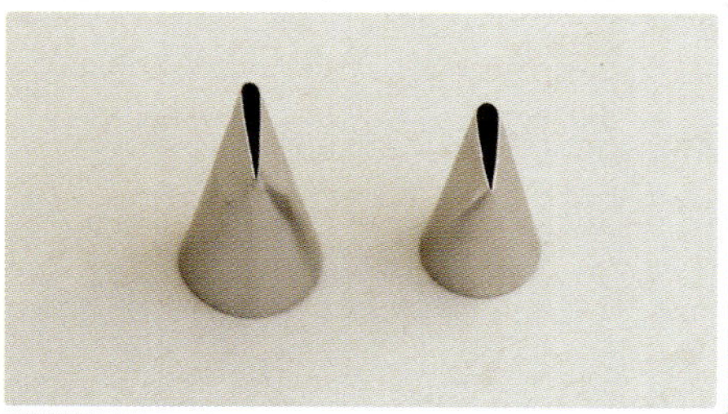

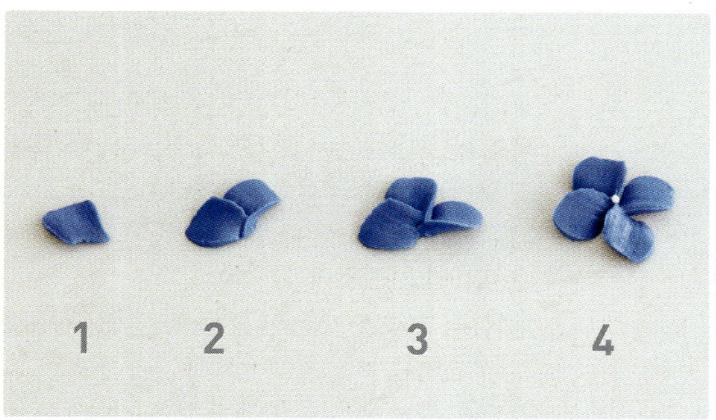

1 꽃받침에 유산지나 필름을 깔아서 짠 후 굳혀서 사용하는 꽃 중의 하나이다.
2 꽃잎의 각도는 30°로 데이지 보다 넓고 짧게 한 잎을 짠다.
3 같은 크기와방법으로뒤쪽에 한잎, 앞쪽에 한잎을 채우고
4 마지막 잎은 4잎의 마무리로 균형 잡는다. 수국은 여러개의 꽃잎이 모여 이루어지므로 굳힌 여러 개의 잎을 겹치면서 데커레이션 한다.

아네모네

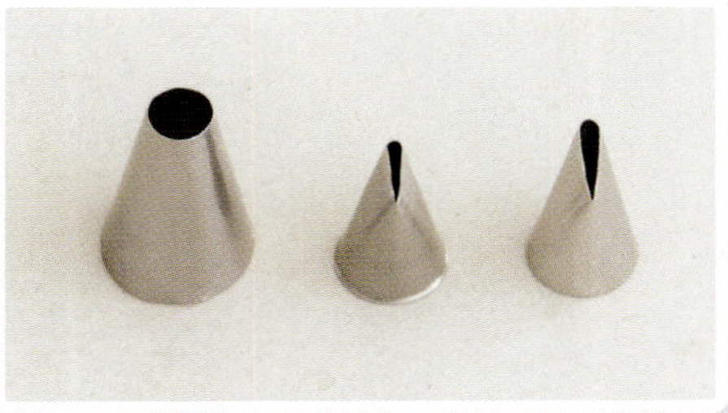

1 꽃받침에 유산지나 필름을 깔아서 짠 후 굳혀서 사용하거나, 컵케이크 데커레이션에는 직접 위에 돌려가면서 짤 수도 있는 꽃이다.
2 각도는 40°정도로 눕히고 약간의 주름을 주면서 넓게.
3 각각의 6잎이지만 하나의 느낌이 나도록 시작점을 전 잎의 뒤쪽에서 시작한다.
4 생화 느낌으로 꽃술을 넓고 진하게 많이 짜준다.

수선화

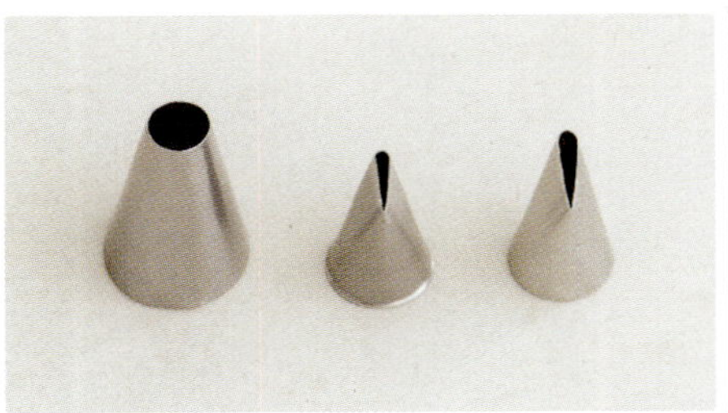

1 꽃받침에 유산지나 필름을 깔아서 짠 후 굳혀서 사용하는 꽃 중의 하나이다.
2 각도는 40° 정도로 길게 끝이 뾰족한 모양으로 6잎을 중심에서 만나도록 한다.
3 가운데 심은 깍지를 완전히 세우고 받침을 돌려 원형으로 짜준다.
4 꽃술을 가늘고 길게 올려 마무리한다.

스카비오사

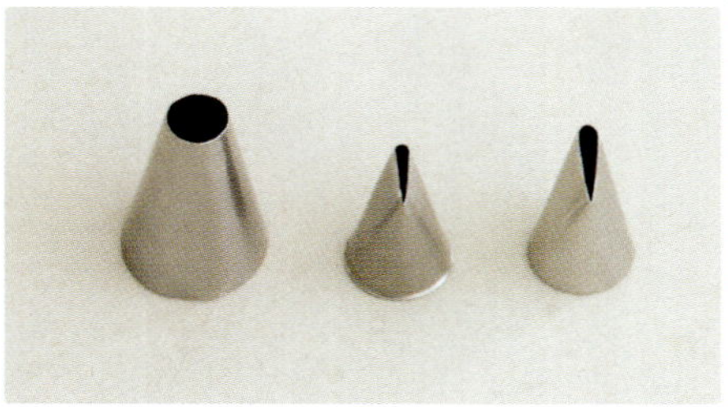

1 꽃받침에 유산지나 필름을 깔아서 짠 후 굳혀서 사용하거나, 컵케이크 데커레이션에는 직접 위에 돌려가면서 짤 수도 있는 꽃이다.
2 각도는 40° 정도로 눕히고 좀 더 많은 주름을 레이스처럼 잡아서 얇고 풍성하게 표현한다.
3 꽃술 주위에도 풍성하게 가는 선을 표현하고 위로 봉긋하게 꽃술을 짠다.

다알리아

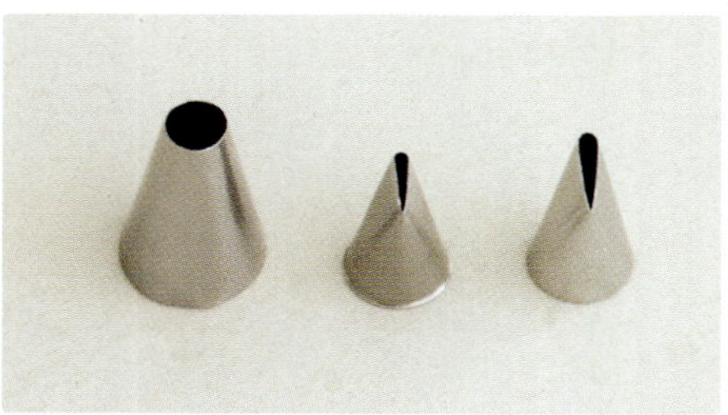

1 꽃받침에 유산지나 필름을 깔아서 짠 후 굳혀서 사용하거나, 컵케이크 데커레이션에는 직접 위에 돌려가면서 짤 수도 있는 꽃이다.
2 잎 끝은 둥글고 받침의 중심으로 모이는 긴 잎을 한층 돌려짠다.
3 잎 수를 줄여가며 4-5층의 겹잎을 짜올린다.
4 중심에 꽃 술로 마무리한다.

+ 데커레이션의 마무리를 위한 요소

잎

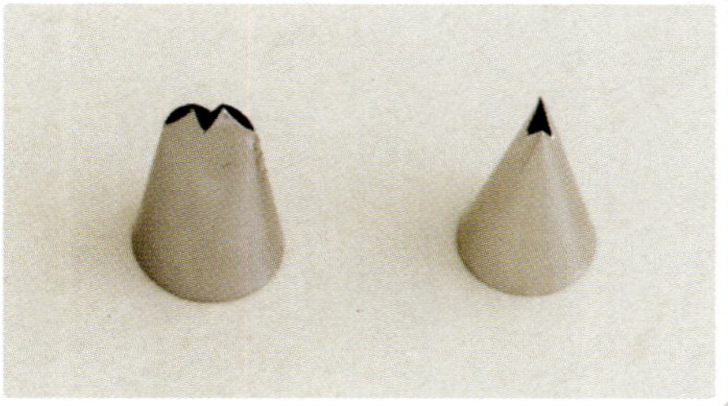

1 다양한 잎 깍지를 사용하여 용도나 크기에 따라 적절하게 표현한다.
2 데커레이션에서 잎은 색의 조화와 공간의 마무리를 위한 중요한 단계이므로 연습이 필요하다.

베리 종류

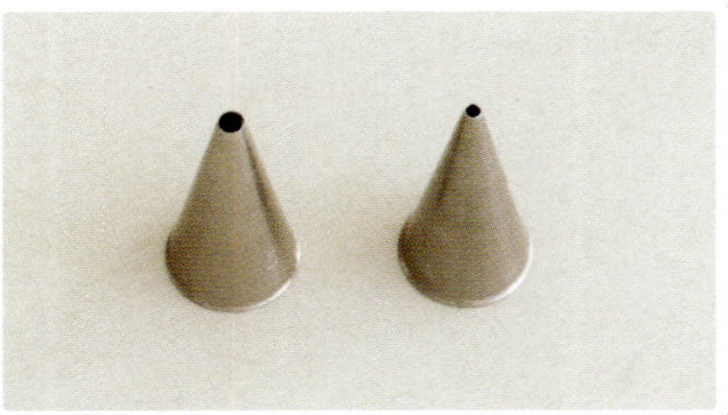

1 원형의 심지를 둥글게 짠다
2 아랫단부터 둥글게 모양을 잡으며 뾰족한 모양이 위를 보도록 짜올린다.
3 주로 진한 색을 쓰며 포인트를 주고 공간을 마무리하는데 유용하다.

봉오리

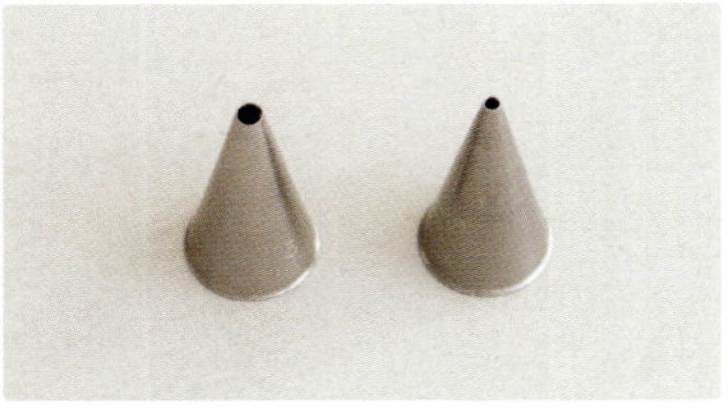

1 원형을 주름지지 않도록 짠다.
2 미리 짠 원형보다 작은 깍지를 사용하여 원형의 안쪽에서 솟아오르듯이 다시 작은 원형을 짜준다.
3 여러 개의 봉오리를 모으거나 잎과 함께 올리면 효과적이다.

+ 컵케이크 데커레이션

1 아이싱한 컵케이크에 데커레이션하기
2 평평하게 아이싱한 컵케이크에 직접 짠 스카비오사
3 봉긋하게 아이싱한 컵케이크에 미리 굳혀놓은 꽃을 데커레이션한다.
4 완성된 컵케이크

+ 데커레이션 케이크

생크림 케이크

생크림 케이크

+ 원통형 아이싱

윗면 아이싱

1 완성된 케이크
2,3 턴테이블 정중앙에 3단으로 샌드 된 스펀지케이크를 올리고 시트 중앙에 크림을 올린다.

+ POINT

+ 스패튤러 앞부분은 시트 중앙 부분에 위치하여 크림에 살짝 붙이고 손잡이 부분은 살짝 들어서 중심 쪽은 낮고 바깥 쪽은 올라오게 해서 물방울 모양을 만든다.
+ 도구를 잡는 오른손은 4시 방향에서 6시 방향으로 당겨주고 왼손은 9시 방향에서 6시 방향으로 당겨 양손이 크로스 되게 한다.

4,5 스패튤러의 둥근 앞부분으로 중심에서 밖으로 나갔다가 다시 중심으로 오게 하여 물방울 모양을 그리듯 이 크림을 전체적으로 펼쳐준다.

6 윗면을 깔끔하게 할 때는 스패튤러의 바깥 면은 크림에 붙이고 안쪽 면은 1cm 정도 열어준 후 턴테이블을 돌려서 평평하고 깔끔하게 평탄작업을 해준다.

+ POINT

+ 평탄작업 시 스패튤러가 수평이 되게 만든 후 시계반대방향으로 깔끔해 질 때까지 돌려준다.(좌) 윗면을 수평으로 만들어 주는 것이 중요하다.(우)

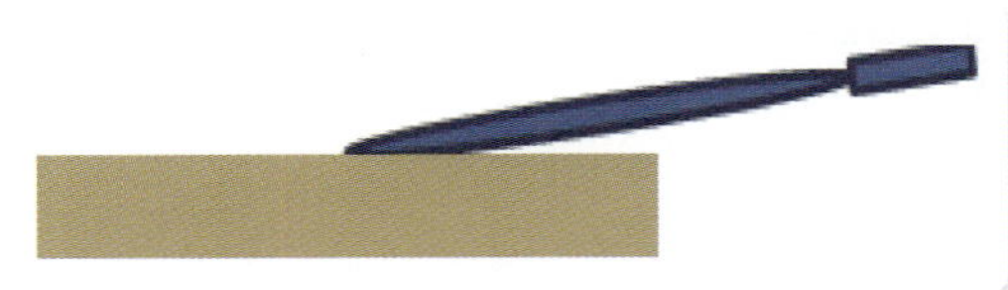

옆면 아이싱

7

8

9

10

11

7,8 스패튤러에 크림을 떠서 옆면을 약 5cm씩 간격으로 발라준다.

9,10 전체적으로 일정한 두께로(0.3cm~0.5cm) 고르게 발라준다.

11 옆면에 스패튤러를 고정시킨 후 바깥 면은 벽면에 붙이고 안쪽 면은 1cm 열어 돌려주면서 깔끔하게 만들어준다.(좌)

+ POINT

+ 옆면에 크림을 바를 때는 스패튤러를 바닥 부분은 옆면에 가까이 붙이고 손잡이 부분은 윗면이 크림에서 1cm 떨어지게 해서 크림을 발라준다. (10번 그림 참조)
+ 오른손은 9시에서 7시 방향으로 당겨주고 왼손은 7시에서 9시 방향으로 밀어준다.

윗면 각 만들기

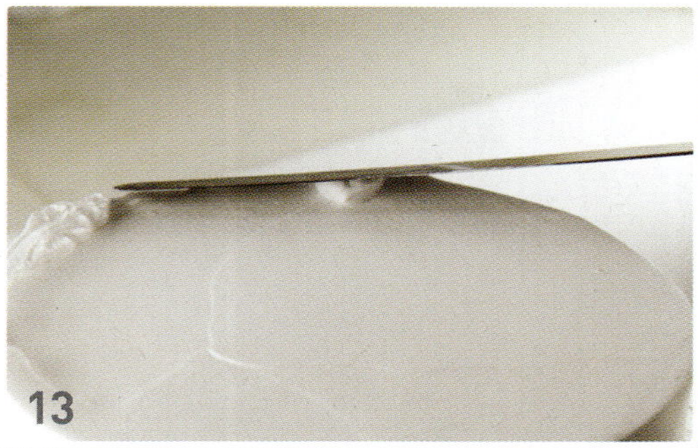

12,13,14 크림이 올라온 테두리 윗부분은 스패튤러를 30°로 기울여 바깥부분에서 안쪽 중앙으로 당겨주면서 들어온다. (우)

15 스패튤러의 ½을 사용하여 전체적으로 깔끔하게 닦아준다.

+ 돔 케이크

1 완성된 케이크
2,3,4,5,6 원형 스펀지케이크를 제조하여 윗면을 돔형으로 매끄럽게 잘라서 정리해준다.

7,8,9,10,11 윗면의 크림두께는 3cm로 하여 아이싱을 완성해 준다.

+ POINT

+ 옆면에 크림이 많이 올라와 있으면 원통형 아이싱으로 정리를 해준다.

12 11cm로 자른 필름의 윗부분 ⅓ 지점을 잡고 윗면을 둥근 모양으로 만든다.
13 필름 윗부분 ⅔지점을 잡고 옆면을 깔끔하게 만든다.
14,15 턴테이블를 돌리면서 필름의 ½인 중간부분을 잡고 선이 있는 곳에 대고 깔끔하게 마무리한다.

12번 필름 위치

13번 필름 위치

14,15번 필름 위치

+ 케이크 모양 깍지 및 과일 준비

+ 가로선과 장미

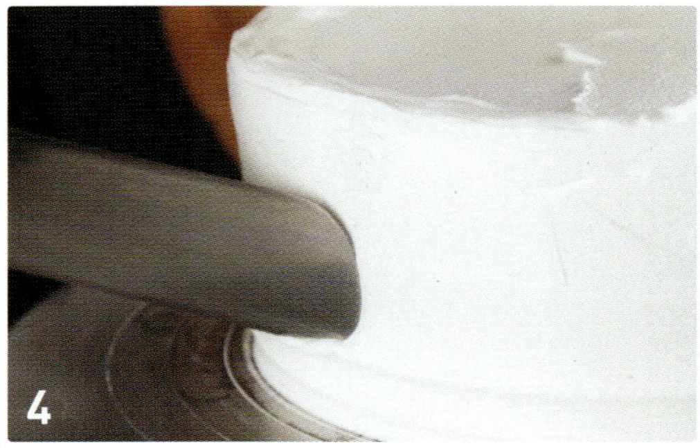

1 완성된 케이크

2,3 아이싱 옆면에 스패튤러의 모서리 부분을 사용해 위치를 잡는다.(좌)

4,5,6 모서리 부분을 벽면에 대고 턴테이블을 시계반대방향으로 돌려주면서 가볍게 스패튤러을 위로 조금씩 이동시켜 준다.

+ POINT

+ 아이싱 오른쪽 벽면에 스패튤러의 모서리 부분만 사용해야 깔끔하고 선명한 선이 나온다.
+ 스패튤러을 잡은 손에 힘이 들어가면 크림이 거두어난다.

7,8,9 벽면 위에 올라온 크림을 스파츌러를 사용해 깔끔이 정리한다.
10,11,12 별모양 깍지를 사용하여 시계반대방향으로 돌려서 로즈를 짜준다.

+ POINT

+ 로즈를 짰을 때 약간 사선의 모양으로 만든다.
  일정한 힘으로 짜다가 마지막 부분에서는 가볍게 힘을 빼준 후 마무리를 짓는다.

13,14,15 로즈는 한 개 한 개 떨어지게 하여 겹치지 않게 짜준다.

+ POINT

+ 파이핑 간격은 약1cm 간격을 두는 게 모양을 잘 살려준다.

+ 계단 케이크

1 완성된 케이크
2,3 원형 아이싱을 한 케이크에 스패튤러의 오른쪽 모서리를 중앙 부분으로 당겨 주면서 모양을 내준다.

+ POINT

+ 스패튤러 손잡이 부분을 45˚로 세우고 중앙으로 끌어당기다.

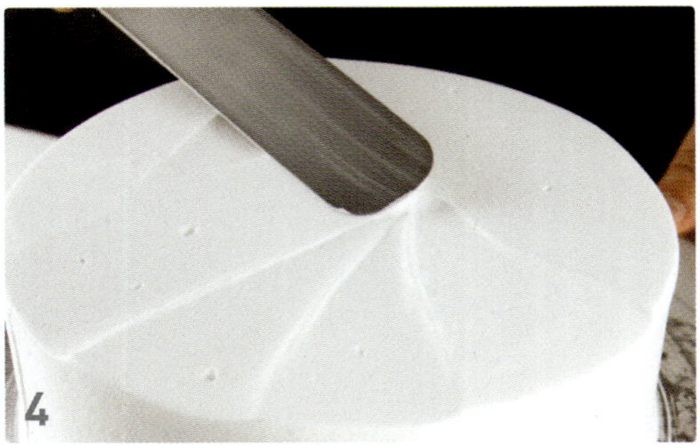

4,5 첫 번째와 두 번째 모양이 살짝 겹치게 무늬를 내어준다.
6,7 전체적으로 간격을 맞추어 선을 만들고 옆면은 계단모양이 나야한다.

+ POINT

+ 크림이 중앙에 모이면 안 되고 약간의 수평을 이루어야 한다.

+ 달걀 뜨기 케이크

1

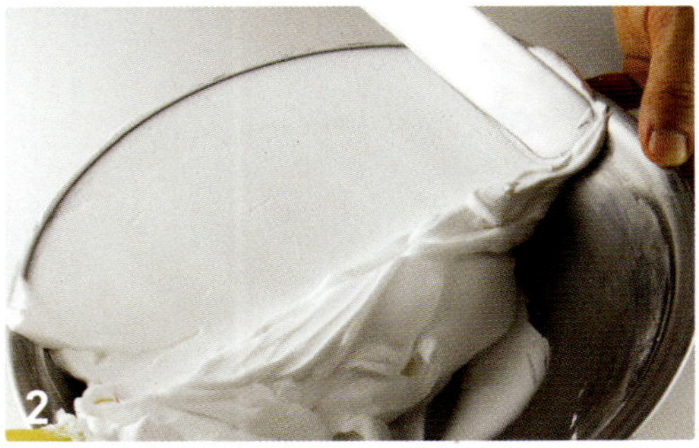
2

3

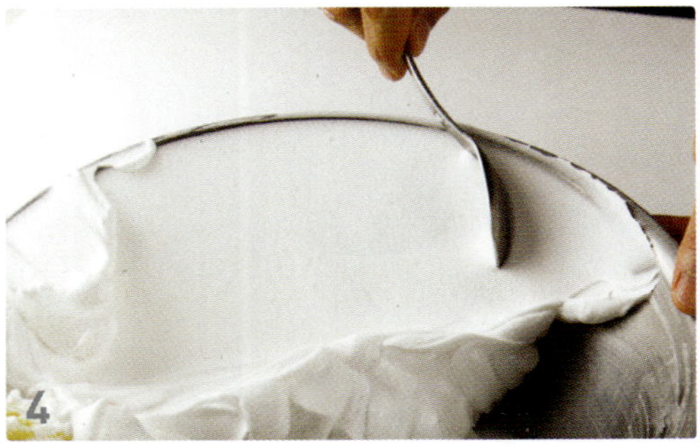
4

5

6

1 완성된 케이크

2 스텐볼에 담겨져 있는 크림을 스패튤러를 이용해 여러 번 비벼서 깔끔하게 만든다.

3,4,5,6 뜨거운 물에 데운 수저를 행주에 물기를 제거한 후 왼쪽에서 오른쪽으로 크림 속 깊이 밀어 넣어 준다.

7,8 크림 속에 있는 수저를 360˚로 돌려준 후 지나간 길을 따라 돌아 나온다.
9,10,11,12 만들어진 달걀을 원하는 위치에 수저를 90˚로 세워서 내려놓는다.

+ 돔 대각 줄무늬

1 완성된 케이크

2,3 깔끔한 돔 케이크에 5cm로 자른 필름을 이용해 3시 방향에서 시작을 한다.

4,5,6 아이싱을 한 옆면 바닥에 필름을 붙이고 벽면을 따라 3시에서 포물선을 그리며 6시 방향으로 올려주면서 왼손은 오른손과 동시에 시계 반대방향 턴테이블을 당겨준다.

+ POINT

+ 필름의 모서리부터 ½을 사용해서 모서리로 크림을 긁어 주듯이 선을 만들어 준다.

7,8 두 번째 선은 첫 번째 선을 겹치면서 올라가야 한다.
9 바닥에서 시작한 선이 위로 올라가면서 길게 연결되어 윗면은 둥근 원이 된다.

+ POINT

+ 왼손은 9시에서 6시까지만 이동을 한다.
+ 선끼리 ⅓씩 겹치지 않으면 여러 개의 선이 생겨 선명하고 깔끔한 선이 만들어지지 않는다.

+ 돔 물방울 케이크

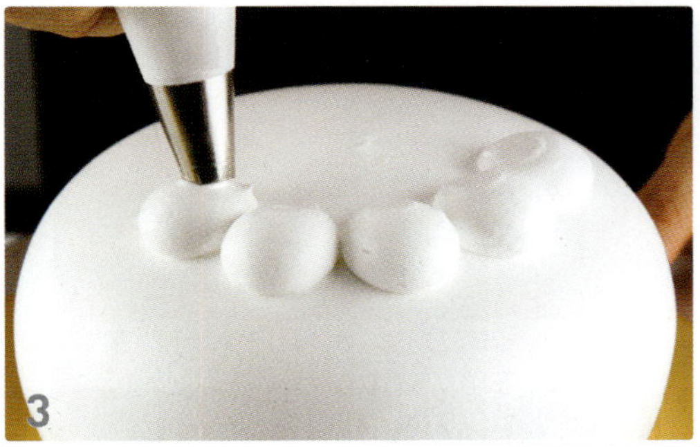

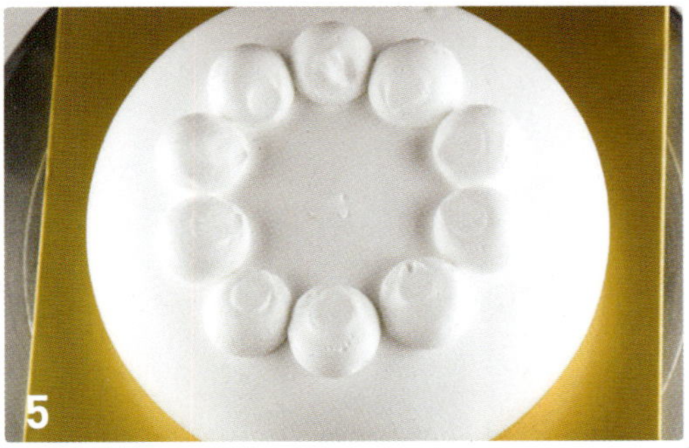

1 완성된 케이크
2 아이싱케이크 위에 원형모양 깍지를 바닥에서 0.5cm 올리고, 깍지의 각도는 80°로 살짝 눕히고 힘을 주면서 짜준다.
3 미리 짜놓은 파이핑이 겹치면서 찌그러지지 않게 간격을 주면서 짜준다.
4,5 힘의 강약으로 크기는 변경이 가능하다.

+ POINT

+ 파이핑을 짤 때 살짝 올렸다가 내려 주면서 깍지로 크림을 깍듯이 마무리한다. (1번 그림)

+ 돔 동글이 케이크

1 완성된 케이크

2,3,4 아이싱 중심에서 크림이 나오지 않은 원형모양 깍지를 45°로 눕힌 후 동그랗게 짜준다.

5,6,7,8,9 처음에 짜준 파이핑을 따라 붙이듯이 이어서 4바퀴 짜주고 마지막은 뒤로 당기듯이 마무리한다.

+ 브이 동글이

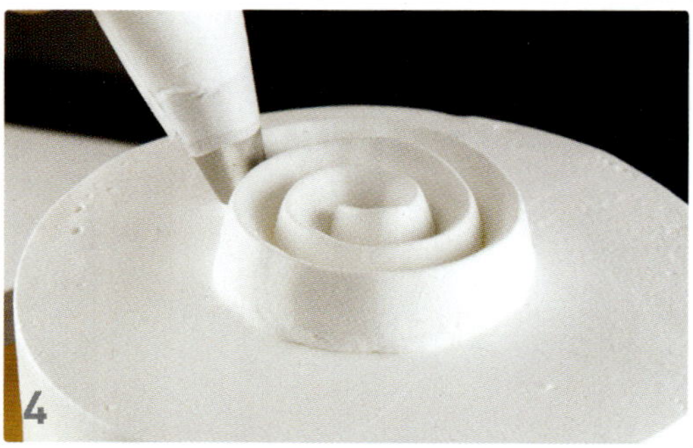

1 완성된 케이크

2,3,4 브이 깍지의 모양이 10시 방향으로 가게 한 후 정 중앙에서 깍지의 바닥을 0.5cm 들어 일정한 힘으로 짜준다.

+ POINT

+ 브이모양 깍지를 일자로 세워 일정한 힘을 주어야 굵기가 동일하게 나온다.

5,6 앞에 짜준 모양을 따라 간격을 맞추어 짜준다.
7,8,9 전체적으로 4바퀴 짜준다.

+ POINT

+ 브이동글이가 중앙에 위치하게 밸런스를 맞추어 짜주는 것이 중요하다.

+ 삼각콤과 밤 모양 케이크

1

2

3

4

5

6

1,2,3 아이싱 케이크에 삼각콤을 이용해 옆면에 원하는 물결 모양을 선택한 후 모양이 선명해질 때까지 5~6회 정도 턴테이블을 돌려준다.

4,5,6 윗면이 삼각콤 회전에 의해 올라오면 스패튤러의 바깥 면 날을 이용해 윗면을 깔끔히 정리해 준다.

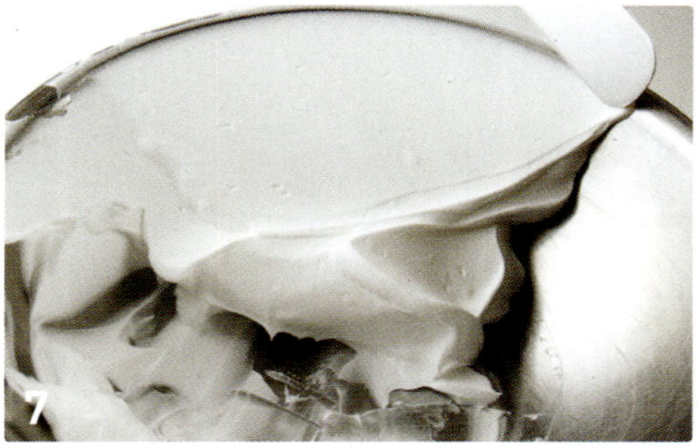

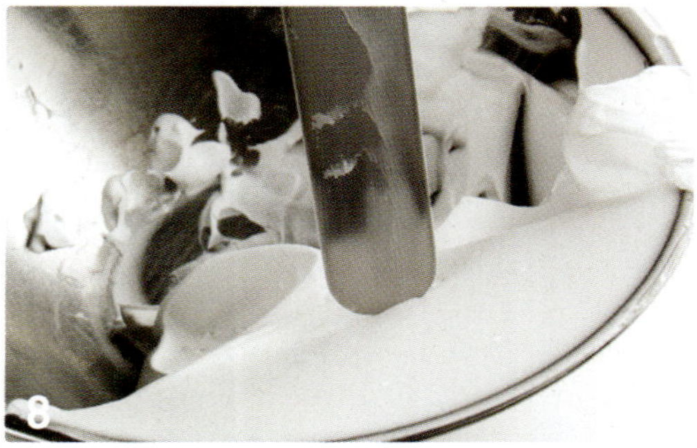

7,8 스텐볼에 담겨 있는 크림을 스패튤러로 여러 번 비벼서 깔끔하게 만든다.
9,10,11 스패튤러를 사선으로 세워 깔끔하게 만든 크림의 아래부분에서 위로 떠 올리듯이 들어준다.(좌)
12 아이싱 한 케이크 위에 스패튤러를 사선으로 바닥에 붙인 후 가볍게 위에서 아래로 들었다 내려주면 밤 모양이 된다.(우)

+ POINT

+ 여러번 크림을 비벼주면 안에 있던 공기가 빠져나가 밤 모양이 매끄러운 표면이 된다.

13,14,15 밤 모양 파이핑을 원하는 위치에 여러 개 내려놓는다.
16 완성된 케이크

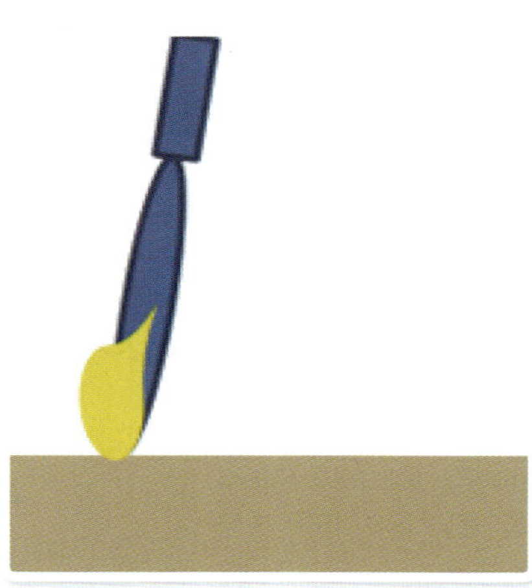

+ 원형 스틱케이크

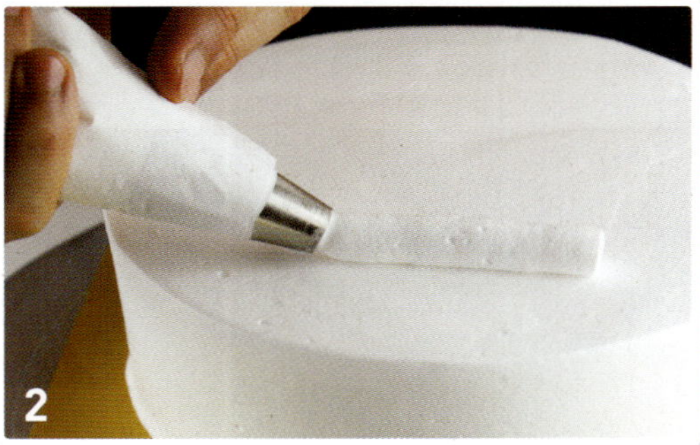

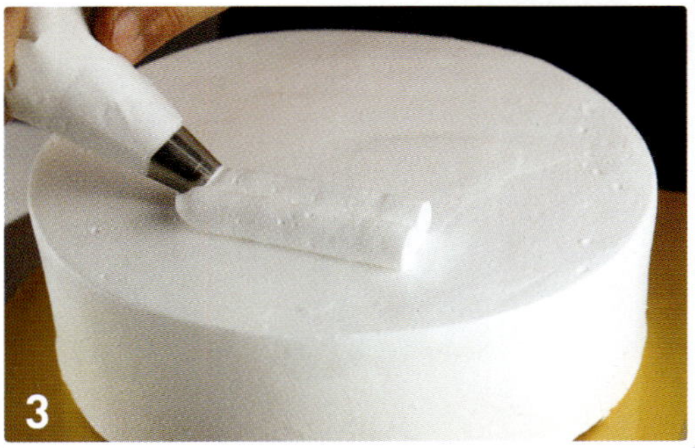

1 완성된 케이크
2 원형 모양을 깍지를 30°로 기울여 일정한 힘을 주어 원하는 위치에 짜준 후 힘을 빼고 뒤로 당기며 마무리 한다.
3 첫 번째 파이핑 옆에 붙여서 일정한 힘으로 두 번째 파이핑을 같은 길이로 짜준다.

+ POINT

+ 원형 모양깍지의 모양 나오는 부분이 크림이 없어야 단면이 깔끔하고 매끈하다. (좌)
+ 첫 번째와 두 번째 파이핑을 바짝 붙이면 모양이 망가져 안 된다.

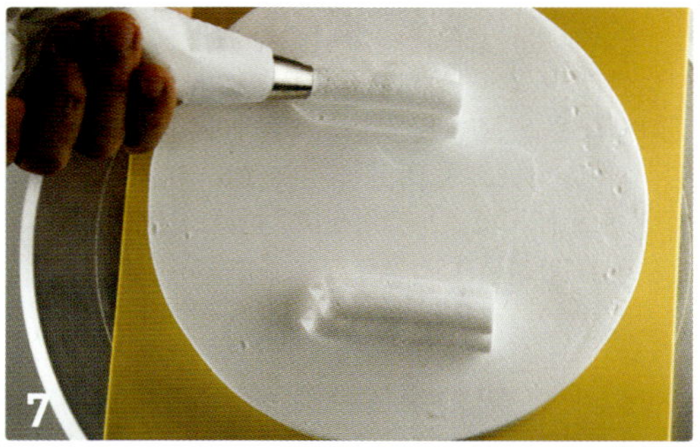

4,5 첫 번째, 두 번째 파이핑 사이 위에 세 번째 파이핑을 올리듯이 같은 길이로 짜준다.
6,7 원하는 다른 곳에 원하는 파이핑을 짜준다.

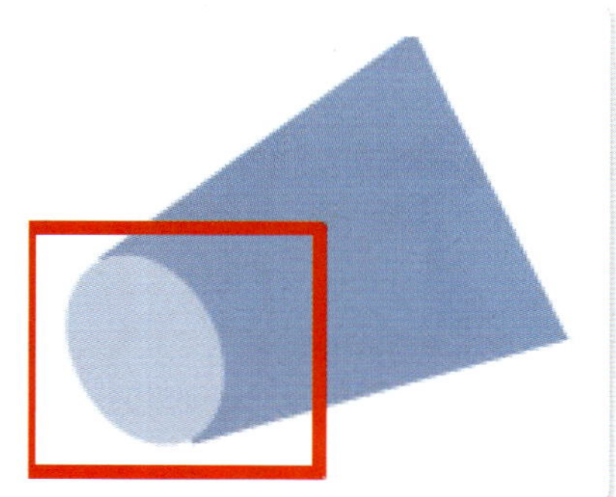

+ 필름 스패튤러 물방울 케이크

1 완성된 케이크

2,3 아이싱을 한 케이크에 투명 필름을 끝에서 15cm 떨어진 곳을 오른손으로 잡고 필름은 턴테이블에 바닥에 붙이고 왼손 손가락을 이용해 문질러 가볍게 붙인다.

4,5 오른손에 잡고 있는 필름 잡은 손을 조금씩 이동하면서 왼 손가락을 사용해 전체적으로 매끄럽게 붙인다.

+ POINT

+ 손가락의 힘이 들어가면 크림이 이동해 모양이 변형이 된다.
+ 마지막 겹치는 필름지는 투명테이프를 사용해 떨어지지 부착한다.

6,7,8 필름 위로 올라온 크림은 중심에서 필름 바깥쪽으로 밀어내면서 필름과 높이를 맞추어 깎아준다.

9,10,11 물방울 파이핑은 데코스노우를 체로 스패튤러에 뿌려준 후 평평한 크림에 스패튤러를 45°로 눕인 후 안에서 밖으로 당겨 물방 모양을 만들어 떠준다. (좌)

+ POINT

+ 스패튤러 앞부분이 잠기도록 해서 모양을 만든다.

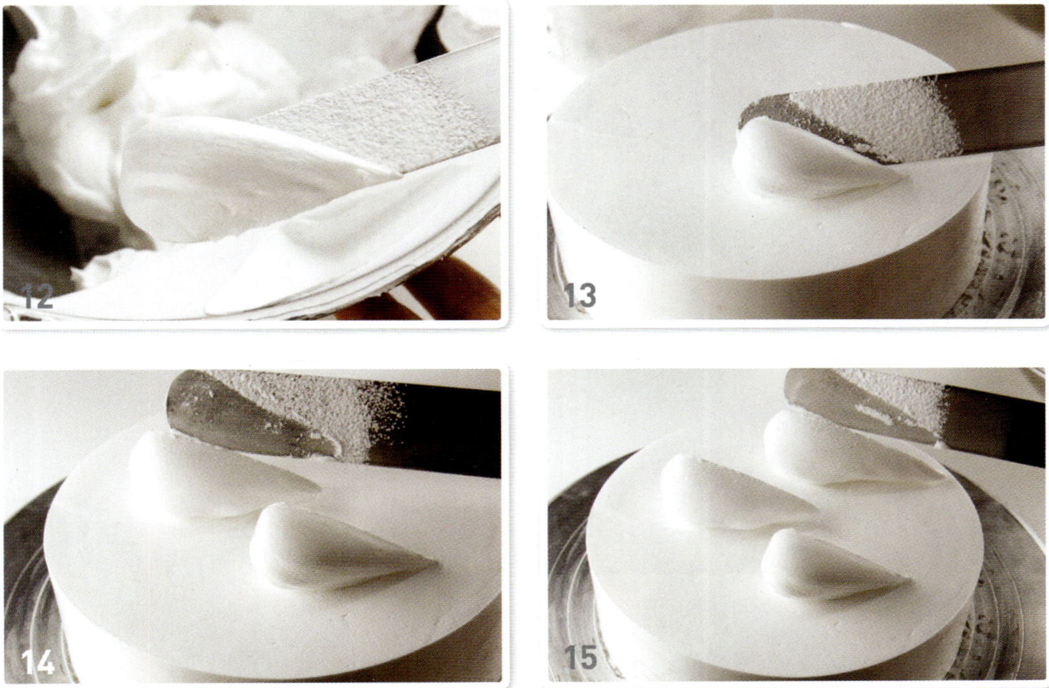

12,13,14,15 스패튤러로 만든 물방울모양을 원하는 위치에 90˚로 세워 내려놓는다.

+ POINT

+ 데코스노우 때문에 물방울 크림이 떨어질 수 있으므로 주의한다.

+ 완성된 케이크

돔 케이크

가로선과 장미

계단 케이크

달걀 뜨기 케이크

돔 대각 줄무늬

돔 물방울 케이크

돔 동글이 케이크

브이 동글이

삼각콤과
밤 모양 케이크

원형 스틱케이크

필름 스패튤러
물방울 케이크

디저트

DESSERT

파트아슈

디저트

파트아슈

| 재료 | **반죽** 물 150g, 우유 100g, 설탕 8g, 소금 2.5g, 버터 110g, 중력분 135g, 계란 4개
크림 파티시에르 우유 500g, 버터 25g, 박력분 45g, 계란노른자 4개, 설탕 125g
크림 샹티이 크림 파티시에르 대비 20% 배합 사용

1 스텐볼에 물, 우유, 설탕, 소금, 버터를 넣고 표면에 기포가 생길 때까지 끓인다.
2 체 친 가루 재료를 넣고 나무주걱으로 빠르게 섞어주며 호화시킨다.
3 계란을 2~3회 나누어 넣어 반죽을 매끄럽게 완성한다.
4 비닐 짤 주머니에 반죽을 담고 실리콘 페이퍼를 깔은 철판에 지름 4cm 크기로 짜준 후 180℃에서 35분간 굽는다.

5 냉각된 파트아슈를 반으로 자르고 크림 샹티이를 5:1로 혼합하여 넣어준다.
6 나머지 파트아슈를 덮어서 마무리한다.

| 크림 파티시에르 만드는법 |

1 스텐볼에 노른자를 넣고 거품기로 풀어준다.
2 체친 박력분과 설탕을 넣고 덩어리가 생기지 않게 섞어준다.

3

4

5

6

3 우유를 스텐볼에 넣고 끓인다.
4 우유가 끓으면 2에 천천히 부어 주면서 거품기로 섞어준다.
5 중불에 올려 거품기로 저어 주면서 호화 시킨다.
6 버터, 바닐라 향을 넣어 섞어준 후 크림을 완성한다.

DESSERT

에클레어

에클레어

| 재료 | **반죽** 물 150g, 우유 100g, 설탕 8g, 소금 2.5g, 버터 110g, 중력분 135g, 계란 4개
크림 파티시에르 카페 크림파티시에르 100g, 커피플레버 10g

| 카페 퐁당 |

1 37℃로 데운 퐁당에 30° B 시럽을 넣어 되기를 조정한다.
2 커피플레버를 적당량 섞는다.

2

3

4

5

1 스텐볼에 물, 우유, 설탕, 소금, 버터를 넣고 표면이 기포가 형성될 때까지 끓인다.
2 체 친 가루 재료를 넣고 나무주걱으로 빠르게 섞어주며 호화시킨다.
3 계란을 2~3회 나누어 넣어서 반죽을 매끄럽게 완성한다.
4 비닐 짤 주머니에 반죽을 넣어 실리콘 페이퍼를 깔은 철판에 13㎝ 정도 스틱 모양으로 짜준 후 180℃에서 35분간 굽는다.
5 냉각된 에클레어에 크림 파티시에르 카페를 짜 주고 덮은 후 그 위에 카페퐁당을 짜주어 마무리한다.

DESSERT

다쿠아즈

다쿠아즈

| 재료 | **반죽** 아몬드가루 95g, 슈가파우더 95g, 계란흰자 110g, 설탕 40g
샌드크림 버터크림 100g, 아몬드프랄리네 20g, 럼 5cc

1 믹서볼에 계란 흰자를 넣고 믹싱을 준비한다.
2 거품기로 흰자를 60%(하얀색)를 중고 속으로 믹싱하여 설탕을 2~3회 나누어 넣는다.
3 거품기로 믹싱하여 단단한 머랭을 만든다(100%).
4 스텐볼에 머랭을 넣고 2~3회 체질한 가루 재료를 넣고 가볍게 섞어준다.

5 머랭이 꺼지지 않도록 가볍게 혼합하여 반죽한다.
6 짤 주머니에 반죽을 담아 틀에 맞추어 적당량을 짜준다.
7 스크래퍼로 표면을 평평하게 고른다.
8 틀의 양 끝을 잡고 천천히 들어 올린다.

9 슈가파우더를 체에 넣고 반죽 표면에 가볍게 뿌려준다.
10 180~185℃에서 10~12분간 굽는다.
11 식힌후 다쿠아즈 한 면에 샌드 크림을 짜준다.
12 다른 한 면의 다쿠아즈를 올려준다.

DESSERT

라즈베리콘쿠키

라즈베리콘쿠키

| 재료 | **반죽** 설탕 200g, 버터 250g, 계란 4개, 옥수수가루 400g
토핑 산딸기잼 적당량

1 믹서볼에 버터를 넣고 부드럽게 한 후 설탕을 넣고 크림화(연한 아이보리색) 시킨다.
(크림화하는 중간 사이에 계란을 2회 나누어 넣어 준다.)

2 옥수수가루를 넣어 가볍게 섞어준 후 반죽을 냉장 휴지한다.

3 냉장 휴지가 완료된 반죽을 150g씩 분할한다.
4 30cm 정도 길이로 밀어편다.
5 위생지에 밀어 편 반죽을 올려놓고 위생지를 말아준 후 냉동 보관한다.

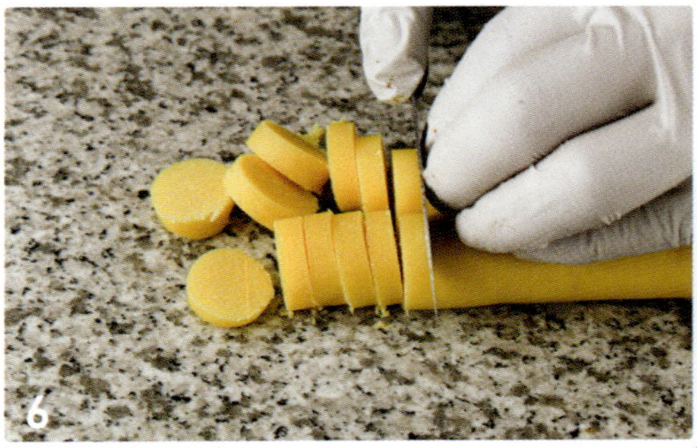

6 냉동고에서 꺼낸 반죽을 실온에서 약간 해동시킨 후 0.8㎝ 두께로 자른다.
7 철판에 적당한 간격으로 쿠키반죽을 패닝한다.
8 조그마한 원형 도구를 이용하여 쿠키 가운데를 살짝 누른 후 그 위에 적당량의 산딸기잼을 짜 준다. 180℃에서 15분간 굽는다.

DESSERT

마카롱

마카롱

| 재료 | **반죽** 아몬드가루 167g, 슈가파우더167g, 계란흰자A 68g, 설탕A 167g, 물 44g, 계란흰자B 74g, 쵸코크런치 10g

샌드가나슈 다크초콜릿 175g, 생크림 125g, 브랜디 10g

1

2

3

1 계란 흰자 A와 2~3회 체질한 가루 재료를 스탠볼에 넣고 주걱을 이용하여 한 덩어리로 뭉쳐지게 반죽한다.
2 스텐볼에 설탕과 물을 넣고 118℃까지 시럽을 끓인다.
3 믹서볼에 계란 흰자 B를 믹싱(80%) 하면서 끓인 시럽을 서서히 부어준다.

4 중고 속으로 믹싱하면서 단단한 머랭을 만들어준다.
5 머랭을 3회 정도 나누어 섞어 반죽에 되기를 조절한다.
6 실리콘 페이퍼를 깔은 철판에 반죽을 지름 4㎝ 정도 크기로 짜 준 후 실온에서 약 30분 정도 건조한다.

7

8

9

7 데크오븐에서는 160℃에서 약 10~15분 굽는다. 컨벡션오븐에서는 140℃에서 약 20~25분 굽는다.
8 가나슈를 마카롱에 적당량을 짜 준다.
9 그 위에 다른 마카롱을 올려서 마무리한다.

DESSERT

블루베리 롤케이크

블루베리 롤케이크

| 재료 | **반죽** 계란흰자 9개, 설탕A 125g, 계란노른자 9개, 설탕B 75g, 물엿15g, 물 30g, 박력 125g
샌드크림 버터크림 250g, 블루베리 리플잼 50g, 요구르트파우더 20g, 다크체리 20g

1

2

3

4

1 믹서볼에 계란 노른자, 설탕, 물엿, 물을 넣고 중고 속으로 믹싱하여 연한 아이보리색까지 믹싱한다.
2 믹서볼에 계란 흰자를 넣고 중고 속으로 믹싱하여 하얀색(60%)이 되면 설탕을 2~3회 나누어 넣는다.
3 중고 속으로 믹싱하여 부드럽고 단단한 머랭을 만든다.
4 스텐볼에 노른자 반죽에 넣고 머랭을 2~3회 나누어 넣어서 가볍게 섞어준다.

5 체 친 가루 재료를 반죽에 넣고 가볍게 섞어준다.
6 가루 재료가 충분히 섞여 반죽이 매끈한 상태가 될 때까지 섞어준다.
7 철판에 위생지를 깔고 반죽을 부어 스크래퍼로 평평하게 고른다.
8 200℃에서 10분간 구운 후 실온에서 냉각시킨다.

9 스텐볼에 샌드 크림를 넣고 골고루 혼합한다.
10 냉각시킨 비스퀴를 위생지 위에 올리고 샌드 크림을 올려 골고루 펴 바른다.
11 밀대를 이용하여 말아준다.
12 완성된 블루베리롤케이크

DESSERT

초코쉘쿠키

초코쉘쿠키

| 재료 | **반죽** 버터 175g, 설탕 75g, 계란흰자 45g, 생크림 40g, 박력 200g, 코코아파우더 25g
샌드크림 산딸기쨈 약간, 코팅 다크초콜릿 약간, 슈가파우더 약간

1 믹서볼에 버터를 넣고 부드럽게 한 후 설탕을 넣고 크림화(연한 아이보리색) 시킨다.
2 계란 흰자와 생크림을 넣으면서 크림화한다.

3 체 친 가루 재료를 믹서볼에 넣고 가볍게 섞어준다.
4 비닐 짤 주머니에 별 모양 깍지를 끼워 반죽을 넣고 철판에 쉘 모양으로 짜준 후 180℃에서 15분간 굽는다.
5 쿠키 바닥면에 산딸기잼을 짜 준다.

6

7

8

6 그 위에 다른 쿠키를 올려서 덮는다.
7 녹인 다크초콜릿에 쿠키를 살짝 찍는다.
8 초콜릿이 굳으면 슈가파우더를 뿌려 완성한다.

DESSERT
크림치즈 컵케이크

크림치즈컵케이크

| 재료 | **반죽** 설탕 200g, 버터 150g, 크림치즈 75g, 계란 3개, 계란노른자 1개, 박력 200g, 아몬드파우더 25g, 베이킹파우더 5g
토핑A 크림치즈 110g, 슈가파우더 30g, 생크림 70g
토핑B 버터크림 200g, 크림치즈 100g

1

2

3

4

5

1 믹서볼에 버터, 크림치즈, 설탕을 넣고 믹싱한다.
2 계란을 2~3회에 나누어 넣으면서 포마드 상태가 될 때까지 믹싱한다.
3 체 친 가루 재료를 믹서볼에 넣고 저속으로 믹싱하며 매끄럽게 섞어준다.
4 머핀 틀에 위생지를 깔고 비닐 짤 주머니에 반죽을 넣어 머핀틀의 80% 정도 짜준다.
5 크림 치즈, 슈가파우더, 생크림을 혼합하여 부드럽게 만든 토핑 A를 반죽 위에 적당량 짜준 후 180℃에서 30분간 굽는다(냉각 후 버터크림과 크림치즈가 혼합된 토핑 B를 짜서 마무리한다).

DESSERT
타르트

타르트

| 재료 | **반죽** 설탕 100g 버터 200g, 소금 약간, 계란 1개, 박력 250g
필링 계란 3개, 설탕 90g, 물엿 40g, 소금 약간, 메이플시럽 20g, 바닐라 오일 약간, 버터 10g, 구운 호두분태 45g, 전처리한 반건조무화과 6개

1 믹서볼에 버터를 넣고 부드럽게 한후 설탕을 넣고 믹싱(80%) 하면서 계란을 2~3회 나누어 넣어준다.
2 스텐볼에 반죽을 담고 체 친 가루 재료를 넣어서 가볍게 혼합하여 냉장 휴지시킨다.

3 냉각된 반죽을 분할하여 밀대로 0.3cm 두께의 원형으로 밀어 편다.
4 반죽을 틀에 올린 후 모양을 잡아준다.
5 스패튤러로 틀 가장자리 반죽을 정리한다.

6 구운 호두분태 15g을 틀에 넣는다.
7 전처리된 반건조 무화과 2개를 틀에 넣는다.
8 필링을 30g 부어준 후 170℃에서 40분 굽는다.

DESSERT

페이틴

페이틴

| 재료 | **반죽** 밀크초콜릿 126g, 아몬드프랄리네 145g, 페이틴 114g

1 소량의 다크 초콜릿을 템퍼링 한다.
2 냉 철판에 비닐을 깔고 그 위에 템퍼링 한 다크초콜릿을 부어 얇게 펼친다.
3 가나슈 틀을 올려서 밀착시킨다.

4 녹인 밀크초콜릿에 아몬드프랄리네와 페이틴을 넣고 골고루 섞어준다.
5 틀 위에 초콜릿을 붓는다.
6 스패튤러를 이용하여 평평하게 펼쳐준다.
7 틀 위에 템퍼링 한 초콜릿을 부어 얇게 펴 바른 후 굳힌다.

8 틀을 제거한 초콜릿을 가로 세로 2.5㎝로 재단한다.
9 템퍼링 한 다크초콜릿으로 디핑 포크를 이용하여 디핑한다.
10 디핑한 초콜릿 위에 가로 세로 3.5㎝로 자른 초콜릿 전용 전사지를 올려 굳힌다.

DESSERT
프랄리네카카오

프랄리네카카오

| 재료 | **반죽** 생크림 90g, 물엿 22g, 아몬드프랄리네 18g, 밀크초콜릿 268g, 버터 18g, 그랑마니에르 36g

1 스텐볼에 녹인 밀크초콜릿과 아몬드프라린을 섞은후 끓인 생크림과 물엿을 부어준다.
2 끓인 생크림, 물엿을 초콜릿과 충분히 섞어주면서 유화시킨다(블렌더를 이용하면 작업이 훨씬 수월하다).
3 유화된 가나슈가 37℃가 되면 버터를 넣고 섞어준다.

4 유화된 가나슈에 그랑마니에르를 넣어 섞어준 후 가나슈를 완성한다.
5 템퍼링한 다크초콜릿을 몰드에 채운다.
6 스크래퍼를 이용하여 윗면을 평평하게 긁어준다.
7 스크래퍼로 몰드의 테두리를 부분을 두드려서 공기를 제거한 후 뒤집어서 초콜릿을 비운다.

8 몰딩한 초콜릿이 굳으면 가나슈를 채운다.
9 굳어진 가나슈 위에 템퍼링 한 초콜릿을 붓는다.
10 스크래퍼를 이용하여 윗면의 초콜릿을 제거한다(초콜릿이 완전히 굳으면 뒤집어서 틀에서 빼낸다).

DESSERT

휘낭시에

휘낭시에

| 재료 | **반죽** 계란흰자 330g, 설탕 340g, 물엿 50g, 중력분 120g, 아몬드가루 120g, 버터 320g

1 스텐볼에 계란 흰자, 설탕, 물엿을 넣고 거품기로 부드럽게 풀어준다.
2 체 친 가루 재료를 넣고 매끈하게 섞어준다.
3 버터를 넣고 갈색으로 변할 때까지 태운다.
4 식힌 버터를 반죽에 부어준다.
5 반죽을 매끄럽게 섞어준 후 완성된 반죽은 랩을 씌워 냉장 보관한다
6 비닐 짤 주머니에 반죽을 넣어 틀에 짜 준 후 190℃에서 15분 굽는다.

DESSERT

딸기 요거트쇼트

딸기 요거트 쇼트

| 재료 | **제노아즈** 전란 200g, 설탕 100g, 박력분 88g, 버터 40
요거트 생크림 생크림 400g, 플레인요거트 80g
요거트 코팅크림 생크림 50g, 요거트 50g, 우유 50g
샌드 & 장식 딸기 10pc, 32보메시럽 100g

| 요거트 생크림 |

1 80% 올린 생크림에 플레인 요거트를 섞어준다.

| 요거트 코팅크림 |

1 생크림에 요거트와 우유를 잘 섞어서 부드러운 코팅크림을 만들어준다.

| 제누아즈 |

1 계란, 설탕을 거품기로 섞어준 후 중탕(45℃) 하여 믹싱(저 속–중 속–고속–중 속)한다. (연한 아이보리색)
2 반죽이 매끄럽고 윤기가 나면 반죽을 스텐볼에 옮긴다.

+ POINT

+ 버터를 섞을 때 버터가 가라앉지 않게 하면서 빠른 시간 내에 혼합한다.
+ 기포 형성에 중요한 반죽 온도는 25℃가 적당하다. 그러므로 겨울에는 중탕을 해서 온도를 유지시키는 것이 중요하다.

3 체 친 박력분을 넣고 가볍게 섞어준다.
4 50℃~60℃ 녹인 버터를 넣고 가볍게 섞어준다.
5 1호 팬에 위생지를 깔고 반죽을 60~70% 정도 팬닝한다(원형 팬을 작업대에 내려쳐서 큰 기포를 제거한다).
6 170℃ 오븐에서 28~32분 굽는다(다 구워지면 팬을 작업대에 가볍게 내리쳐 증기를 빼고 팬에서 제누아즈를 분리한 후 냉판에 식힌다).

| 마무리 |

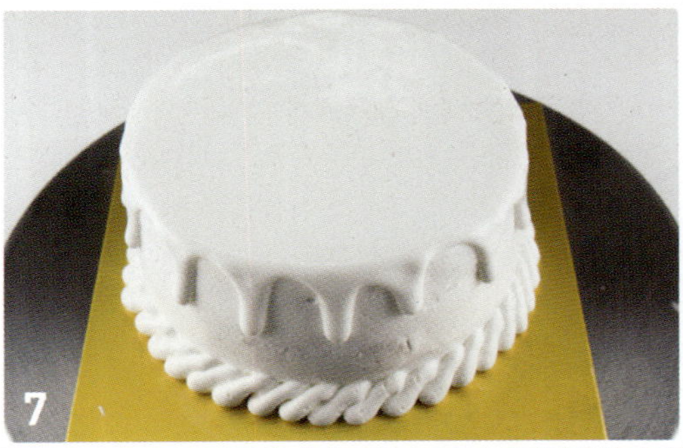

1 제누아즈를 3단 커팅하고 1단에 시럽을 촉촉하게 발라준다.
2 요거트 생크림을 골고루 발라준다.
3 슬라이스 한 딸기를 올려준 후 크림을 발라준다. 위 과정을 반복해 3단 샌드를 한다.
4 요거트 크림으로 아이싱을 해준다.
5 요거트 코팅을 0.5mm 원형 깍지로 윗면 가장자리를 짜준다.
6 윗면을 코팅으로 가득 짠 후 스패튤러로 평평하게 펴준다.
7 코팅이 흘러내리도록 받침을 쳐준 후 밑면을 생크림으로 장식한다.

DESSERT
리얼브라우니

리얼 브라우니

| 재료 | **브라우니** 다크초콜릿 87g, 버터 132g, 전란 105g, 설탕 150g, 바닐라빈 2g, 박력 66g, 아몬드슬라이스 10g
다크 가나슈 크림 초콜릿 칩 100g, 다크 론도 6g, 생크림 100g

| 브라우니 |

1 다크초콜릿과 버터를 45℃ 정도까지 녹여준다.
2 계란과 설탕을 거품기로 풀어준 후 중탕 물에 올려 설탕이 완전히 녹을 때까지 섞어준다(이때 거품이 올라오지 않도록 주의한다).
3 1에 2를 넣고 거품이 나지 않게 섞어준다.
4 체 친 박력분과 아몬드 슬라이스를 넣고 가볍게 섞어준다.

5 사각 틀에 쿠킹 호일을 깔고 반죽을 40% 정도 팬닝한다.
6 160℃ 오븐에서 30~35분 정도 구운 후, 식으면 틀에서 분리하여 냉각판에 식힌다.

| 다크 가나슈 크림 |

1 냄비에 생크림을 끓인다.
2 초콜릿에 1을 넣고 부드럽게 섞어준다.

| 마무리 |

1 다크 가나슈 크림을 브라우니 위에 올린다.
2 스패튤러로 골고루 펴 바른 후 모양을 내준다.
3,4 초콜릿 파우더를 뿌리고 마무리한다.

DESSERT

망고 코코넛 무스

망고 코코넛 무스

| 재료 | **화이트 비스퀴** 전란 280g, 설탕 138g, 박력분 125g, 버터 58
망고코팅 망고퓌레 450g, 설탕 75g, 젤라틴 10g
망고 바바로와 망고퓌레 136g, 설탕 30g, 노른자 27g, 젤라틴 6g, 생크림 140g
코코넛 무스 코코넛퓌레 70g, 설탕 24g, 말리부 4g, 젤라틴 4g, 생크림 70g,
32 보메시럽 물 100g, 설탕 50g, 럼 5g

| 망고코팅 |

1 망고 퓌레와 설탕을 중탕 불에 올려서 32℃ 전후로 설탕이 녹을 때까지 저어준다.
2 녹인 젤라틴을 섞어준 후 25~27℃ 정도까지 온도를 내려준다.

| 화이트 비스퀴 |

1

2

3

1 계란, 설탕을 중탕으로 45℃까지 데워준 후 믹싱(저 속–중 속–고속–중 속)하여 연한 아이보리색까지 휘핑한다.
2 기포 형성이 완성된 반죽을 스텐볼에 옮긴다.
3 체 친 박력분을 넣고 가볍게 섞어준다.

4 50℃~60℃ 녹인 버터를 넣고 가볍게 섞어준다.
5 철판에 위생지를 깔고 반죽을 팬닝 후 210℃ 오븐에서 5~8분 정도 굽는다(다 구워지면 팬을 내리쳐 증기를 빼고 팬에서 분리한 후 냉각판에 식힌다).

| 망고 바바로와 |

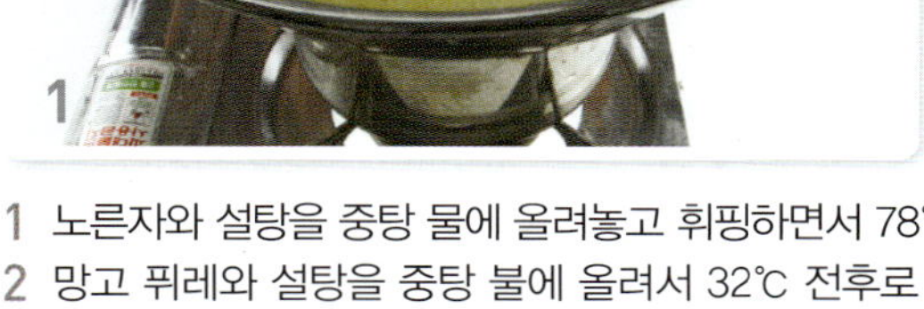

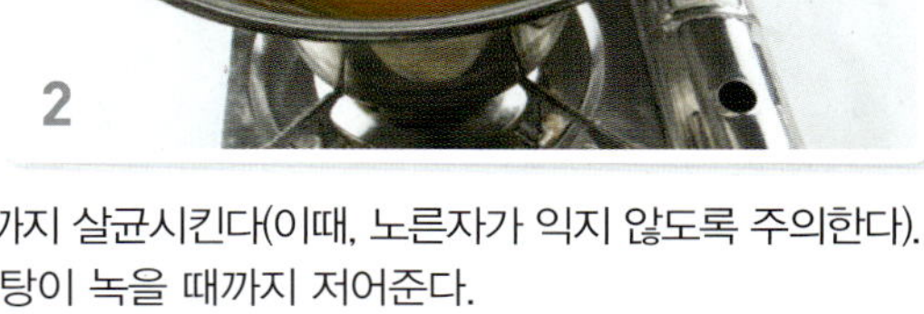

1 노른자와 설탕을 중탕 물에 올려놓고 휘핑하면서 78℃까지 살균시킨다(이때, 노른자가 익지 않도록 주의한다).
2 망고 퓌레와 설탕을 중탕 불에 올려서 32℃ 전후로 설탕이 녹을 때까지 저어준다.

3 2에 30℃ 정도 식은 1을 넣고 섞어준 후 녹인 젤라틴을 섞어준다.
4 생크림을 70~80% 정도 휘핑한다.
5 3에 생크림을 2~3번 나누어 가볍게 섞는다.
6 주걱으로 아래서 위로 올리면서 부드럽게 섞어 가볍고 부드러운 망고 바바로와를 만든다.

| 코코넛 무스 |

1 랩을 씌운 15cm 원형 세르클에 비스퀴를 올린 후 시럽을 촉촉하게 발라준다.
2 코코넛 퓌레와 설탕을 중탕에 올려서 32℃ 전후로 설탕이 녹을 때까지 저어준다.
3 녹인 젤라틴과 말리부, 생크림을 섞어준다.
4 1에 코코넛무스를 30% 정도 붓고 냉동시킨다.

| 마무리 |

1 18cm 세르클에 랩을 씌우고 망고 바바로와를 틀 높이의 30% 정도가 되도록 채운다.
2 미리 준비한 코코넛무스를 틀에서 제거하고 1위에 올린다.
3 윗면에 시럽을 바르고 망고 바바로와를 틀 높이의 80% 정도가 되도록 채운다.
4 비스퀴에 시럽을 바르고 3위에 올려 평평하게 눌러주고 냉동고에 보관한다.
5 무스를 틀에서 제거한 후 코팅 망에 올리고 망고코팅을 부어준다.
6 스패튤러로 윗면이 평평하고 코팅 양이 일정하게 해준다.

DESSERT

얼그레이 쉬폰

얼그레이 쉬폰

| 재료 | **얼그레이 쉬폰** 노른자 176g, 설탕a 35g, 식용유 80g, 물 100g, 얼그레이 8g, 박력 142g, 베이킹파우더 6.5g, 얼그레이분말 0.5g, 흰자 300g, 설탕b 142g

생크림 식물성생크림 200g, 동물성생크림 200g, 설탕 10g, 럼 5g

| 얼그레이쉬폰 |

1 물에 충분히 불린 얼그레이를 약불로 끓인다.
2 1을 고운체에 거른다.

3 노른자에 설탕 a, 식용유를 섞고 35℃ 정도 식은 2를 넣어 섞어준다.
4 흰자에 설탕 b를 3회에 나누어 넣어가며 단단한 머랭을 만든다.
5 3에 머랭 1/2을 넣고 가볍게 섞어준다.
6 체 친 박력분, 베이킹파우더, 얼그레이 분말을 섞어준다.

7 나머지 머랭을 넣고 가볍게 섞어준다.
8 준비된 쉬폰 틀에 반죽을 70%정도 팬닝한 후 큰 기포가 없도록 작업대에 가볍게 내리쳐 준다.
9 170℃ 오븐에 30~35분 구워준 후 오븐에서 나오면 쉬폰 틀을 뒤집어서 식힌다.

DESSERT

제주 당근케이크

제주 당근케이크

| 재료 | **당근케이크** 당근 88g, 설탕 100g, 강력분 75g, 계란 68g, 계피 0.5g, 베이킹소다 2g, 베이킹파우더 2g, 소금 1g, 넛맥파우더 0.25g, 올리브유 90g

크림치즈 크림 크림치즈 135g, 슈가파우더 25g, 동물성생크림 185g, 설탕 25g

샌드 & 장식 파에테포요틴 50g, 당근마지팬 2pc, 32보메시럽 60g

| 당근케이크 스펀지 |

1

2

3

4

5

1 깨끗이 씻은 당근을 채에 내려준다.
2 계란, 설탕을 중고속 휘핑한다.
3 연한 아이보리색의 가벼운 거품이 될 때까지 휘핑 한 후 믹싱볼에 옮긴다.
4 체 친 강력분, 베이킹소다, 베이킹파우더, 계피, 넛맥파우더, 소금을 넣고 섞어준다.
5 올리브유와 당근을 넣고 가볍게 섞어준다.

6 1호 원형 팬에 위생지를 깔고 반죽을 70% 정도 패닝한 후, 170℃ 오븐에서 25~28분 굽는다.
7 구워진 시트를 작업대에 가볍게 내리쳐 증기를 빼고 원형 팬에서 분리한 후 냉각판에 식힌다.

| 크림치즈 크림 |

1 동물성 생크림에 설탕을 넣고 단단한 생크림을 만든다.
2 크림 치즈에 슈가파우더를 넣고 풀어준 후 1에 넣는다.
3 크림 치즈가 덩어리지지 않도록 잘 섞어준다.

| 마무리 |

1 당근 스펀지를 1/2 커팅하고 시럽을 발라준다.
2 크림을 1cm 높이로 발라준다.
3 스펀지를 덮고 시럽을 발라준다.
4 크림으로 아이싱을 하고 윗면을 스패튤러로 모양을 내준다.
5 옆면에 파에테포요틴을 묻히고 윗면에 슈가파우더를 뿌려서 마무리한다.

DESSERT
초코무스 파나코타

초코무스 파나코타

| 재료 | **초코 비스퀴** 노른자 80g, 전란 200g, 설탕 160g, 흰자 126g, 설탕 65g, 박력분 38g, 코코아파우더 16g

파나코타 우유 50g, 생크림 95g, 설탕 22g, 젤라틴 4g, 바닐라빈 2g

다크초콜릿 무스 전란 20g, 노른자 35g, 설탕 17g, 우유 35g, 생크림 35g, 다크초콜릿 100g, 젤라틴 4g, 생크림 165g

다크 글라사주 물 120g, 설탕 106g, 생크림 15g, 물엿 28g, 코코아파우더 22g, 젤라틴 10g

토핑 초콜릿칩 30g, 피칸분태 30g

| 초코 비스퀴 |

1 노른자, 계란, 설탕을 거품기로 섞어준 후 45℃ 정도까지 중탕한다.
2 1을 믹싱(중 속-고속-중 속)하여 연한 아이보리색까지 휘핑한다.
3 흰자에 설탕을 2~3회 나누어 넣어가며 단단한 머랭을 만든다.
4 2에 머랭의 1/2을 넣고 가볍게 섞은 후 체 친 박력분과 코코아파우더를 섞어준다.
5 나머지 머랭을 가볍게 섞어준다.
6 철판에 위생지를 깔고 반죽을 팬닝한 후 초콜릿 칩과 피칸분태를 골고루 뿌려준다.
7 210℃ 오븐에서 5~7분 정도 구워준다.

| 파나코타 |

1

2

1 우유, 생크림, 바닐라 빈, 설탕을 냄비에 끓여준다.
2 1에 찬물에 불린 젤라틴을 넣어준다.

3 2를 고운체에 걸러준다.

4 3을 찬물에 받쳐 바닐라 빈이 가라앉지 않을 정도로 식힌다.

5 랩을 씌운 15cm 세르클에 4를 30% 정도 붓고 냉동시킨다.

| 다크 글라사주 |

1 젤라틴을 제외한 전 재료를 냄비에 끓여준다.

2 찬물에 불린 젤라틴을 넣고 고운체에 걸러준 후 30℃까지 식힌다.

| 다크초콜릿 무스 |

1 냄비에 우유와 생크림을 끓여서 전란, 노른자, 설탕을 섞어놓은 볼에 조금씩 넣으면서 섞어준다. 다시 직화에 78℃까지 저어준다. 이때 계란이 익지 않도록 주의한다.

2 절반 정도 녹은 다크초콜릿과 1을 섞어준다.

3 36℃ 전후로 식혀준다.

4 녹인 젤라틴을 섞어준다.

5 70% 올린 생크림을 2회 나누어 가볍게 섞어준다.

6 주걱으로 아래서 위 방향으로 가볍게 섞어서 부드러운 다크초콜릿 무스를 만든다.

| 마무리 |

1

2

3

4

1 18cm 원형 세르클에 다크초콜릿 무스를 30% 정도 채운다.
2 미리 냉동시킨 파나코타를 틀에서 제거하고 1위에 올려준다.
3 냉동고에 10분 정도 냉동시키고 다크 초콜릿 무스를 80% 정도까지 채운다.
4 비스퀴에 시럽을 바르고 3 위에 올려 평평하게 눌러주고 냉동고에 보관한다.

5 무스를 틀에서 제거한 후 코팅 망에 올리고 다크 글라사주를 부어준다.
6 스패튤러로 윗면이 평평하고 코팅 두께를 일정하게 해준다.
7 밑면에 파에테포요틴을 묻혀준다.

DESSERT

티라미수

티라미수

| 재료 | **아몬드 비스퀴 조콩드** 아몬드 파우더 175g, 슈가파우더 100g, 전란 280g, 박력 48g, 흰자 145g, 설탕 72g (철판1장 분량)
마스카포네 크림 마스카포네 150g, 노른자 36g, 설탕 60g, 물 20g, 젤라틴 4g, 생크림 150g, 깔루아 4g
커피시럽 커피가루 2g, 럼 4g, 32보메시럽 92g, 깔루아 4g, 커피액기스 8g
포요틴 크로캉 파에테 포요틴 40g, 다크초콜릿 40g

| 커피시럽 |

1 커피가루에 럼을 넣는다.
2 시럽에 1과 나머지 재료를 넣고 잘 섞어준다.

| 아몬드 비스퀴 조콩드 |

1 아몬드파우더, 슈가파우더, 전란을 중고속 휘핑한다.
2 흰자에 설탕을 3회 나누어 넣어가며 단단한 머랭을 만든다.
3 1에 머랭 1/2을 넣고 가볍게 섞어준다.
4 체 친 박력분을 넣고 가볍게 섞어준다.

5 나머지 머랭을 넣고 가볍게 섞어준다.
6 철판에 위생지를 깔고 반죽을 평평하게 팬닝하고, 210℃ 오븐에서 6~8분 정도 굽는다.
7 다 구워지면 작업대에 철판을 가볍게 내리쳐 증기를 빼준다.

| 포요틴 크로캉 |

1 다크 초콜릿을 40℃ 전후로 녹여준다.
2 포요틴을 섞어주고 팬에 펴서 냉장고에 굳힌다.

| 마스카포네 크림 |

1 마스카포네 치즈를 스텐볼에 넣고 부드럽게 풀어 준다.
2 노른자와 설탕 1/2을 중탕 물에 올려 휘핑하면서 78℃까지 살균시킨다(이때 노른자가 익지 않도록 주의한다).
3 마스카포네 치즈에 2를 넣고 녹인 젤라틴을 섞어 준다.
4 생크림에 설탕 1/2을 넣고 70~80% 정도 휘핑한다.
5 3에 생크림을 2회 나누어 가볍게 섞어준다.

| 마무리 |

1 아몬드 조콩드를 15cm 원형 세르클로 찍어서 2장 준비한다.
2 18cm 원형 세르클에 랩을 씌우고 마스카포네 크림을 30% 정도까지 채운다.
3 포요틴 크로캉을 크림 위에 골고루 올려준다.
4 조콩드를 올리고 시럽을 촉촉하게 발라준다.
5 마스카포네 크림을 80%까지 채운다.
6 조콩드에 시럽을 바르고 크림 위에 올려 평평하게 눌러주고 냉동고에 보관한다.

떡

RICE CAKE

단호박 케이크

떡

단호박 케이크

| 재료 | 단호박 1/8통, 맵쌀가루 8컵(1컵은 절편 만들어 호박과 호박잎 용), 설탕 6큰술, 물 4~5큰술, 무스링 2호, 메직펜(혹은 날염 한수저), 쑥가루 1작은술

1 단호박을 손질하여 찜기에 넣고 찐다.
2 쌀가루에 찐 호박과 물을 부어서 버무린다.

3

4

5

6

3 버무린 가루를 체에 내린다.
4 찜기에 무스 링을 놓고 내린 가루를 설탕 6 큰 술을 넣어 앉힌다.
5 앉혀진 가루를 고르게 편다.
6 레인지로 가열하여 김이 오른 후 20분 동안 쪄낸다.

7 남은 가루를 따로 쪄서 절편을 만들어 장식용 호박과 호박잎을 만든다.
8 장식용 호박 완성
9 6에 장식용 호박과 잎과 넝쿨 구성을 잘하여 단호박 케이크를 완성한다.

RICE CAKE
발렌타인 케이크

발렌타인 케이크

| 재료 | 쌀가루 7.5컵, 딸기가루 + 물 2/3 큰술씩, 물 7큰술, 무스링 하트 틀 2호, 설탕 5큰술, 진주초코 30알

1 물과 딸기가루를 섞어 멥쌀가루를 내려 체에 내려 설탕을 넣는다.
2 하트 모양의 틀을 찜기 위에 놓고 내린 가루를 앉힌다.
3 앉힌 가루를 고른 후 20분 동안 찐다.
4 쪄진 케이크를 완성 접시에 담는다.
5 일부 가루를 쪄낸 후 장식용 밴드와 리본을 만들어 장식한다.

RICE CAKE

백설기와 흑임자편

백설기와 흑임자 편

| 재료 | 쌀가루 14컵, 흑임자 가루 1컵, 설탕 10큰술, 무스링 2호 네모틀, 물 14큰술, 대추 5개, 잣 1큰술

1 쌀 가루 7컵을 물 7 큰 술과 함께 잘 버무려 체에 내린 후 설탕을 넣는다.
2 찜기에 2호 무스 링을 놓고 내린 가루를 앉혀 적당한 크기로 자른 후 20분 동안 쪄낸다.
3 멥쌀 가루 7컵에 흑임자 2/3컵, 물 7 큰 술을 넣어 체에 내린 후 설탕 5 큰 술을 섞는다.
4 찜기에 네모 틀을 넣은 후 3의 재료를 앉힌 후 적당한 크기로 자르고 남은 흑임자 1/3컵을 그 위에 뿌린 후에 20분 동안 쪄낸다.
5 백설기와 흑임자 편을 꺼내어 접시에 올린다.
6 대추와 잣을 이용하여 각각 예쁘게 장식한다.

RICE CAKE
블루베리젤 떡케이크

블루베리 젤 떡 케이크

| 재료 | 멥쌀가루 7컵, 블루베리즙(생과 + 물) 150cc, 설탕 5큰술, 각색절편 꽃가루 2컵(딸기시럽, 블루베리즙, 호박 약간), 블루베리젤(한천가루 4g + 물 280cc + 설탕 8g + 블루베리즙), 레몬즙, 물엿 약간

1 가루 7컵을 준비하여 블루베리즙에 넣어준다.
2 2을 잘 섞는다.
3 섞은 가루를 체에 내린다.
4 계량하여 틀에 앉혀 쪄낸다.

5 한천가루에 분량의 물, 설탕, 블루베리 과즙을 넣어 약간의 끈기가 생길 때까지 끓인다. 마지막에 레몬즙과 물엿을 넣는다.

6 케이크 위에 붓으로 바른다.

7 각색 떡가루를 만들어 찐 후 절편을 만든다.

8 찐 절편을 밀대로 밀어 편다.

9 밀어진 절편에 매화꽃 틀을 이용하여 찍는다.
10 매화 꽃을 찍어낸다.
11 각색으로 찍어놓은 매화꽃에 매직 펜으로 꽃술을 찍어 7번 위에 장식한다.
12 완성된 블루베리젤떡케이크

RICE CAKE

사과정과 꽃케이크

사과정과꽃 케이크

| 재료 | 멥쌀가루 7.5컵, 물 5~7큰술, 설탕 5큰술, 사과정과(사과 1/2개, 설탕 4큰술 + 물 컵 + 소금 약간), 무스링 2호, 딸기시럽 1큰술, 쑥가루 약간

1

2

3

4

1 멥쌀 가루에 물 7 큰 술을 넣어 준비한다.
2 1을 잘 비빈 후 체에 내린다.
3 내린 가루를 찜기에 앉힌다.
4 가루를 잘 고른 후 약간의 쌀가루를 원하는 멘트를 칼라로 올린 후 20분 동안 쪄낸다.

5 사과를 잘 씻은 후 얇게 슬라이스하여 준비한다.
6 용기에 슬라이스 한 사과, 설탕, 물, 소금 약간을 넣어 살짝 조린다.
7 조린 사과에 딸기시럽을 넣어 색을 낸다.
8 핑크빛을 단계별로 내어 건진다.

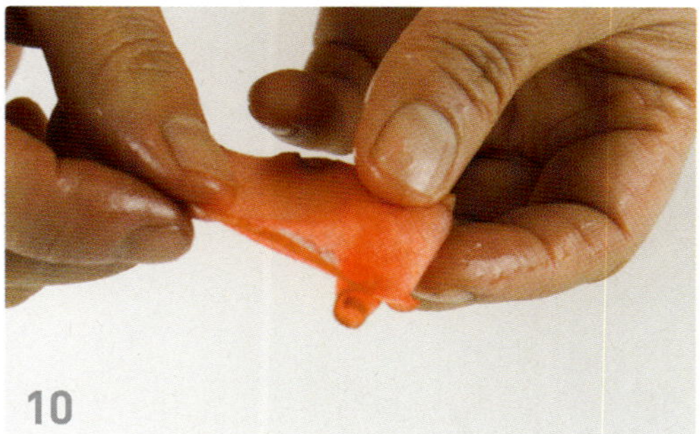

9 약간 건조된 사과를 손에 올린다.
10 9를 접어 꽃으로 접기 시작한다.
11 작은 꽃과 큰 꽃을 차이를 두어 완성하여 케이크 위에 올린다.
12 쌀 가루 1/2컵에 쑥가루 약간을 넣어 절편을 만들어 정과 꽃의 넝쿨과 잎사귀를 만들어 올린다.

RICE CAKE
카라절편 꽃케이크

카라절편 꽃 케이크

| 재료 | 멥쌀가루 8.5컵, 물 5~7큰술, 설탕 5큰술, 딸기시럽 약간, 찐 단호박 약간, 쑥가루 약간, 조(기장) 약간, 무스링 2호

1 멥쌀 가루 7컵에 물 7 큰 술을 넣어 체에 내린 후 설탕을 넣는다.
2 찜기에 2호 무스 링을 놓고 내린 가루를 고루 앉힌다.
3 앉힌 가루를 잘 고른 후 20분 동안 쪄낸다.
4 흰색 절편과 딸기시럽 약간 넣은 핑크 절편 그리고 쑥색 절편 호박 넣은 노오란 색 절편을 만든다.

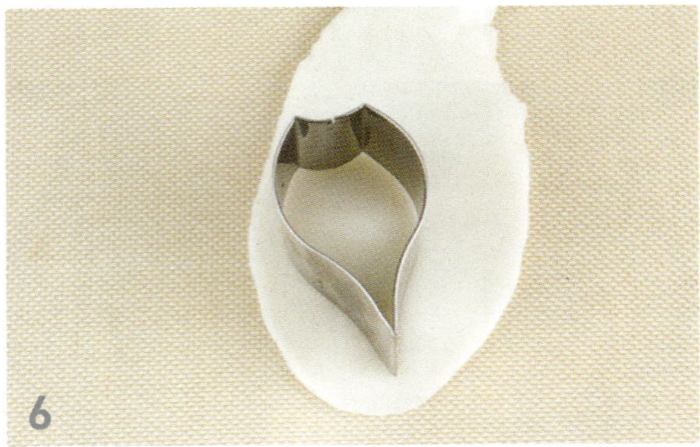

5 흰색 절편을 밀대로 밀어 편다.
6 편 흰 절편에 카라 모형 틀을 이용하여 꽃잎을 찍어낸다.
7 노오란 절편과 조를 이용하여 꽃술을 만든다.
8 꽃술과 꽃잎으로 카라 꽃을 만든다.

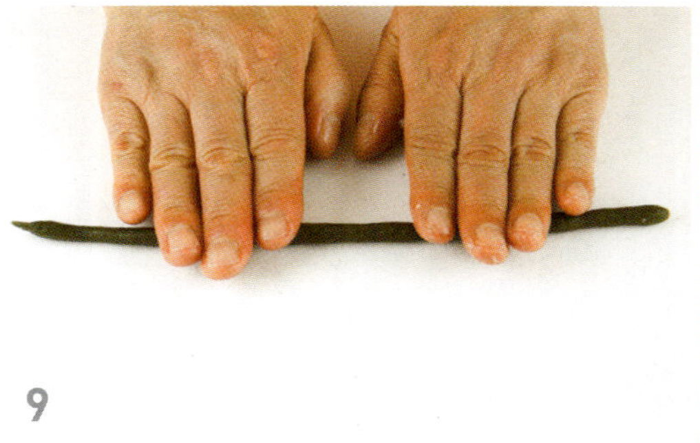

9

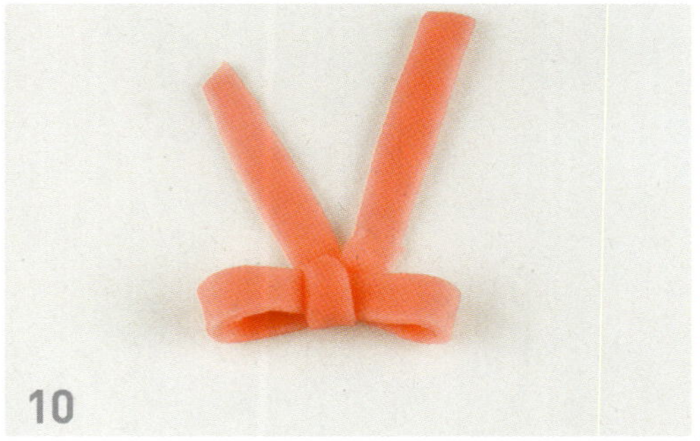

10

11

9 쑥절편으로 꽃대를 만든다.
10 핑크 절편으로 장식용 리본을 만든다.
11 쪄낸 케이크 위에 8, 9, 10을 이용하여 예쁘게 장식한다.

RICE CAKE
샐러드 케이크

샐러드 케이크

| 재료 | 단호박 70g, 비트 70g, 밤 5개, 쌀가루 7컵, 설탕 6큰술, 마요네즈 70g, 레몬즙 1큰술, 소금 약간

1 밤, 비트, 단호박을 손질하여 최대한 곱게 채 썰어 생수에 담가 건진다.
2 쌀 가루에 물을 넣어 체에 내려 설탕 5 큰 술을 넣는다.
3 2를 찜기에 무스 링을 넣고 앉힌다.
4 가루를 고른 후에 20분 동안 쪄낸다.
5 받혀놓은 밤, 비트, 단호박에 마요네즈와 레몬즙, 설탕, 소금을 넣어 버무린다.
6 찐 케이크에 버무린 샐러드를 올려 마무리한다.

RICE CAKE
약선 케이크

약선 케이크

| 재료 | 캐쉬넛 · 무화과 · 호두 · 대추 적당량, 쌀가루 6컵, 당귀 1작은술, 흑임자 1큰술, 감초 1/5 작은술, 수수 가루 1컵, 설탕 3큰술, 인삼 1뿌리, 물 7큰술

1

2

3

4

5

6

1 인삼과 견과류를 잘 손질하여 꿀에 절인다
2 쌀 가루에 당귀, 흑임자, 감초, 수수 가루와 물을 넣어 잘 섞는다.
3 2를 잘 섞어 체에 내린다.
4 찜기에 사각 틀을 올리고 내린 가루를 앉힌다.
5 앉힌 가루를 잘 고른 후 20분 동안 쪄낸다.
6 케이크 위에 절여놓은 인삼과 견과류를 올리고 대추와 잣을 이용하여 각각 예쁘게 장식한다.

RICE CAKE
조각 케이크

조각 케이크

| 재료 | 쌀가루 8컵, 포도 가루 · 딸기 가루 · 파래 가루 1작은술, 찐호박 1큰술, 물 7큰술, 설탕 5큰술

1 쌀 가루 8컵을 5등분 하여 각각 물과 함께 넣어 각각 색을 만든다.
2 찜기에 모양 틀을 넣고 각각의 색을 넣어 앉힌다.
3 앉혀진 조각 케이크를 15분 동안 쪄낸다.
4 색 절편을 만든다.

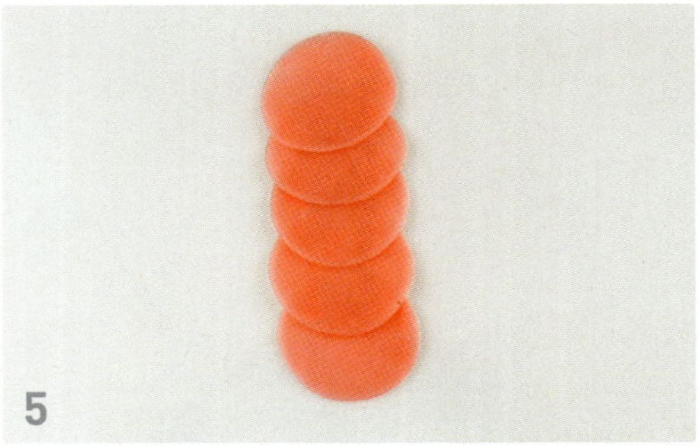

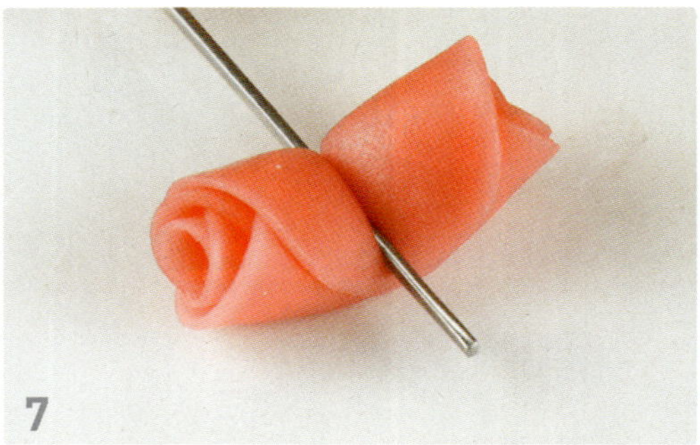

5 장미를 만들기 위해 절편을 밀어 원형 틀로 찍어낸다.
6 찍어낸 원형 4~개를 겹겹이 놓고 돌돌 말기 한다.
7 말아진 꽃잎을 젓가락을 이용하여 장미꽃을 만든다.
8 쑥절편으로 꽃잎을 만든다.
9 조각 케이크 위에 장미꽃과 잎으로 예쁘게 장식한다.